Köstliche
Backgeheimnisse

DIESES BUCH GEHÖRT:

Zwergenstübchen

Zwergenstübchen

Backgeheimnisse

Kaufmann Verlag

Ach du Schreck, die Zwergenkatze ist weg!
Den lieben langen Tag suchte die Zwergenschar in Haus, Hof und Garten nach ihrer Katze.
Kein Rufen und Locken half – sie blieb verschwunden. Endlich kam einem Zwerg die Idee,
auf dem Dachboden nachzuschauen, und wahrhaftig saß sie oben auf dem Dachbalken,
schaute ganz schläfrig zu den Zwergen herunter und dachte wohl bei sich,
was ist das heute für ein aufregender Tag.

Nicht nur die Katze wurde gefunden, sondern auch eine wunderschöne Truhe
zwischen den Schachteln und Kisten mitten auf dem Dachboden.
Und was steht darauf: „Köstliche Backgeheimnisse".
Die Zwerge öffneten voller Neugier die Truhe und sie konnten ihr Glück kaum fassen.
Die Truhe ist gefüllt mit den allerbesten Kuchen- und Tortenrezepten.
Ob da wohl der Zwergen-Zauberer „Hokus pokus fidibus" sprach
und der Zwergenschar und allen Zwergen-Backfreunden herrliche Rezepte schenkte?
Bestimmt! Dann wollen wir ihn nicht enttäuschen, sondern uns gleich an das Backen
der feinen Kuchen und Torten machen.

Viel Freude beim Backen und gutes Gelingen
wünschen Elke und Timo Schuster

ZWERGEN-KRANZ

Zutaten:

4 Eier

300 g Zucker

1 Päckchen Vanillezucker

$^1/_8$ l Öl

1 Becher Naturjoghurt

350 g Mehl

1 Päckchen Backpulver

100 g geraspelte Schokolade

Zubereitung:
Eier schaumig schlagen. Nach und nach Zucker, Vanillezucker einrühren. Anschließend Öl, Joghurt sowie löffelweise das mit Backpulver und Schokolade vermischte Mehl dazugeben, alles gut verrühren. Den Teig in eine gefettete, mit Semmelbrösel ausgestreute Backform füllen. Im vorgeheizten Backofen bei 180 Grad ca. 50 Minuten backen. Puderzucker über den ausgekühlten Kuchen stäuben.

BIRNENKUCHEN

Zutaten:

Teig:

200 g Mehl
1 Teelöffel Backpulver
100 g Zucker
1 Päckchen Vanillezucker
1 Ei
100 g Butter

Belag:

2 Dosen Birnen
1 Becher süße Sahne
1 Esslöffel Zucker
1 Päckchen Vanillezucker
1 Päckchen Vanille-puddingpulver

Zubereitung:

Alle Teigzutaten zu einem Mürbteig verarbeiten. Den ausgewellten Teig in eine gefettete Springform geben, darauf die abgetropften, geviertelten Birnen legen. Im vorgeheizten Backofen bei 180 Grad ca. 20 Minuten vorbacken. Danach den Guss über die Birnen gießen. Für diesen Sahne, Zucker, Vanillezucker, -puddingpulver verrühren. Bei gleicher Backtemperatur ist der Kuchen in etwa 35 Minuten fertig gebacken.

BIRNEN-SCHOKO-KUCHEN

Zutaten:

Teig:

150 g Butter
150 g Zucker
3 Eier
300 g Mehl
1 Päckchen Backpulver
1 Teelöffel Zimt
1 Esslöffel Kakao
40 g feine Haferflocken
$^1/_8$ l Milch
100 g Schokolade

Belag:

1 Dose Birnen

Zubereitung:

Butter schaumig schlagen. Abwechselnd Zucker, Eier dazugeben, zu einer cremigen Masse rühren. Nach und nach das mit Backpulver vermischte Mehl, Zimt, Kakao, Haferflocken, Milch einrühren. Zum Schluss die kleingeschnittene Schokolade unterheben. Den Teig in eine gefettete mit Semmelbrösel ausgestreute Springform füllen. Die Birnenhälften (Wölbung nach oben) auf der Teigmasse verteilen. Im vorgeheizten Backofen bei 180 Grad ca. 1 Stunde backen.

FEINER MILCHKUCHEN

Zutaten:

Teig:

200 g Mehl

1 Teelöffel Backpulver

60 g Zucker

1 Päckchen Vanillezucker

1 Ei

100 g Butter

Belag:

4 Eier

150 g Zucker

1 Päckchen Vanillezucker

650 g Dickmilch

100 g Crème fraîche

70 g Mehl

1 Päckchen Vanille-puddingpulver

Zubereitung:

Aus den Teigzutaten einen Mürbteig herstellen. Für den Belag die Eigelb schaumig schlagen. Nach und nach Zucker, Vanillezucker dazugeben, cremig rühren. Dickmilch, Crème fraîche einrühren, danach ebenso löffelweise das mit Puddingpulver vermischte Mehl. Eiweiß steif schlagen und unterziehen. Den ausgewellten Teig in eine ganz mit Back-Trennpapier ausgelegte Springform geben. Die Dickmilchmasse einfüllen. Im vorgeheizten Backofen bei 175 Grad ca. 65 Minuten backen, in der Form auskühlen lassen.

QUARKKUCHEN

Zutaten:

100 g Butter
200 g Puderzucker
1 Päckchen Vanillezucker
4 Eigelb
250 g Schichtkäse
200 g Mehl
100 g Speisestärke
1 Päckchen Backpulver
50 ml Milch
4 Eiweiß

Zubereitung:

Wie im Rührteig-Grundrezept beschrieben, aus Butter, Zucker, Vanillezucker, Eigelb eine schaumige Masse zubereiten. Nacheinander den gut abgetropften Schichtkäse, das mit Speisestärke und Backpulver vermischte Mehl sowie die Milch einrühren. Zum Schluss steif geschlagenes Eiweiß unterziehen. Anschließend den Teig in eine gefettete mit Semmelbrösel ausgestreute Kastenform füllen. Im vorgeheizten Backofen bei 180 Grad ca. 65 Minuten backen. Nach dem Auskühlen Puderzucker über den Quarkkuchen stäuben.

SAHNIGER KÄSEKUCHEN

Zutaten:

Teig:

150 g Mehl
1 Teelöffel Backpulver
50 g Zucker
1 Päckchen Vanillezucker
1 Ei
50 g Butter

Belag:

500 g Magerquark
150 g Zucker
1 Päckchen Vanillezucker
1 Päckchen Vanille-puddingpulver
3 Eier
$^3/_4$ Tasse Öl
1 Becher süße Sahne
$^1/_4$ l Milch
2 Esslöffel Puderzucker

Zubereitung:

Aus den Teigzutaten einen Mürbteig herstellen. Für den Belag Quark, Zucker, Vanillezucker, Puddingpulver, 1 Ei, 2 Eigelb, Öl, Sahne sowie Milch gut verrühren. Den ausgewellten Teig in eine ganz mit Back-Trennpapier ausgelegte Springform geben. Die Quarkmasse einfüllen. Im vorgeheizten Backofen bei 200 Grad ca. 50 Minuten backen. 2 Eiweiß mit Puderzucker steif schlagen, auf den Kuchen streichen, weitere 10 Minuten backen. In der Form erkalten lassen.

NUSS-NOUGAT-CREME-KUCHEN

Zutaten:
125 g Butter
100 g Nuss-Nougat-Creme
150 g Zucker
1 Päckchen Vanillezucker
4 Eier
100 g Mehl
50 g Speisestärke
1 Päckchen Backpulver
100 g gemahlene Haselnüsse
2 Esslöffel Milch

Zubereitung:
Butter schaumig schlagen. Nuss-Nougat-Creme dazugeben und gut mitrühren.

Anschließend die restlichen Zutaten zu einem Rührteig verarbeiten. Den Teig in eine gefettete mit Semmelbrösel ausgestreute Kastenform füllen. Im vorgeheizten Backofen bei 175 Grad ca. 55 Minuten backen. Über den ausgekühlten Kuchen Puderzucker stäuben.

ANANAS-GUGELHUPF

Zutaten:

Teig:

300 g Butter
200 g Zucker
5 Eier
400 g Mehl
1 Päckchen Backpulver
100 ml Milch
1 Esslöffel Kakao
2 Esslöffel Milch
1 kleine Dose Ananas

Glasur:

120 g Puderzucker
2–3 Esslöffel Ananassaft

Zubereitung:

Teigzutaten zu einem Rührteig verarbeiten. Von diesem etwa 1/3 in eine Schüssel geben, Kakao und Milch einrühren. Nun Ananaswürfelchen unter den hellen Teig ziehen, davon die Hälfte in eine gefettete mit Semmelbrösel ausgestreute Gugelhupfform füllen, darauf dunklen, zum Schluss restlichen hellen Teig geben.

Für die Marmorierung den Teig mit einer Gabel durchziehen. Im vorgeheizten Backofen bei 175 Grad ca. 60 Minuten backen. Puderzucker, Ananassaft glatt rühren, damit den noch warmen Gugelhupf glasieren oder auf den erkalteten Kuchen Puderzucker stäuben.

ZWIEBACK-MANDELKUCHEN

Zutaten:

Teig:

400 g Mehl
1 1/2 Päckchen Backpulver
150 g Zucker
1 Ei
250 g Quark
4 Esslöffel Milch
6 Esslöffel Öl

Belag:

100 g gemahlener Zwieback
100 g Zucker
1 Päckchen Vanillezucker
200 g zerlassene Butter
200 g gemahlene Mandeln
2 Becher süße Sahne

Zubereitung:

Alle Teigzutaten zu einem Mürbteig verarbeiten. Für den Belag gemahlener Zwieback, Zucker, Vanillezucker mit der Butter vermischen. Danach Mandeln und Sahne unterrühren. Den ausgewellten Teig auf ein gefettetes Backblech legen, darauf die Zwieback-Mandelmasse streichen. Im vorgeheizten Backofen bei 180 Grad ca. 30 Minuten backen.

ZWIEBACK-KÄSEKUCHEN

Zutaten:

Teig:

150 g gemahlener Zwieback
50 g Zucker
50 g zerlassene Butter
1/2 Teelöffel Zimt

Belag:

1000 g Sahnequark
200 g Zucker
1 Päckchen Vanillezucker
30 g Mehl
1 Prise Salz
5 Eier
2 Eigelb
4 Esslöffel süße Sahne

Zubereitung:

Gemahlener Zwieback (zum Bestreuen 2 Esslöffel übriglassen), Zucker, Butter, Zimt vermischen. In eine Springform geben, an Rand und Boden andrücken.

Alle Belagzutaten gut verrühren, in die Form geben, gemahlener Zwieback darüber streuen. Im vorgeheizten Backofen (untere Schiene) bei 230 Grad 10 Minuten backen, anschließend bei 125 Grad ca. 1 1/4 Stunden. Danach etwa 3 Stunden in der Form auskühlen lassen.

BEEREN-KUCHEN

Zutaten:

Teig:

200 g Mehl

1/2 Teelöffel Backpulver

50 g Zucker

1 Päckchen Vanillezucker

2 Eigelb

3 Esslöffel Crème fraîche

100 g Butter

Belag:
1 kg Johannisbeeren
6 Esslöffel Zucker
6 Eiweiß
200 g Puderzucker
1 Teelöffel Zimt
180 g gemahlene Haselnüsse
Semmelbrösel

Zubereitung:

Aus den Teigzutaten einen Mürbteig herstellen. Für den Belag Johannisbeeren mit Zucker mischen. Eiweiß steif schlagen, löffelweise Puderzucker sowie Zimt dazugeben, gut mitrühren. Johannisbeeren und Haselnüsse unterheben.

Den Teig auswellen, in eine gefettete Kuchenform legen. Semmelbrösel auf den Teigboden streuen. Die Johannisbeermasse einfüllen.

Im vorgeheizten Backofen bei 175 Grad ca. 60 Minuten backen. Über den erkalteten Kuchen Puderzucker stäuben.

Kirsch-Muffins

Zutaten:

150 g Butter, 125 g Zucker, 2 Eier, 1 Teelöffel Zimt,
1 Messerspitze Nelken, 2 Esslöffel Kakao, 75 g Mehl, 50 g Speisestärke,
1/2 Teelöffel Backpulver, 3 Esslöffel Milch, 180 g Sauerkirschen

Zubereitung:

Aus den Zutaten einen Rührteig herstellen.
Zum Schluss die abgetropften Kirschen unterziehen.
Den Teig in Papierbackförmchen füllen.
Im vorgeheizten Backofen bei 180 Grad ca. 20 Minuten backen.
Die ausgekühlten Kirsch-Muffins glasieren oder mit Puderzucker bestäuben.

SAHNE-KIRSCHKUCHEN

Zutaten:

Teig:

4 Eigelb
200 g Zucker
1 Tasse Öl
250 g Mehl
1 Päckchen Backpulver
1 Tasse Orangensaft
4 Eiweiß

Belag:

3 Gläser Sauerkirschen
2 Päckchen klarer Tortenguss
2 Becher süße Sahne
1 Esslöffel Zucker
1 Päckchen Vanillezucker
2 Päckchen Sahnesteif
1 Becher Schmand
2 Esslöffel Puderzucker
1 Teelöffel Zimt

Zubereitung:

Eigelb schaumig schlagen, löffelweise den Zucker mitrühren. Anschließend das Öl gut unterrühren. Mehl, Backpulver vermischen und abwechselnd mit Orangensaft in die Teigmasse einarbeiten. Zum Schluss das steif geschlagene Eiweiß unterziehen.

Den Teig auf ein mit Back-Trennpapier ausgelegtes Backblech streichen. Im vorgeheizten Backofen bei 180 Grad ca. 10 Minuten backen. Für den Belag Kirschen abtropfen lassen. Den Tortenguss mit Kirschsaft nach Packungsanweisung zubereiten.

Die Kirschen untermischen, etwas abkühlen lassen und auf dem erkalteten Kuchenboden gleichmäßig verteilen. Sahne, Zucker, Vanillezucker, Sahnesteif schlagen, vorsichtig den Schmand einrühren. Zuletzt die Sahnecreme über die Kirschen streichen, darauf das Zucker-Zimt-Gemisch streuen.

KIRSCHROLLEN

Zutaten:

Teig:

400 g Mehl

1 Päckchen Backpulver

120 g Zucker

1 Päckchen Vanillezucker

1 Ei

125 g Quark

100 g Butter

Füllung:

1 Glas Sauerkirschen

(Saft aufheben)

2 Esslöffel Zucker

2 Esslöffel Speisestärke

1 Teelöffel Zimt

125 ml Kirschsaft

Milch zum Bestreichen

Zubereitung:

Alle Teigzutaten zu einem Mürbteig verarbeiten. Für die Füllung Zucker, Speisestärke, Zimt mit Kirschsaft verrühren, einmal aufkochen, Kirschen untermischen, danach kaltstellen. Nun den Teig in zwei Portionen teilen und auf einer bemehlten Arbeitsfläche jeweils rechteckig auswellen.

Die Füllung auf den Teigplatten verteilen, an allen Seiten einen ca. 5 cm breiten Rand frei lassen. Beide Längsseiten jeder Teigplatte zu einer Rolle übereinander schlagen, gut andrücken, Seitenränder nach oben umschlagen.

Die Kirschrollen auf ein gefettetes Backblech legen (umgeschlagene Seiten nach unten). Beide Oberflächen mit Milch bestreichen und im Abstand von etwa 4 cm ca. $^{1}/_{2}$ cm tief quer einschneiden. Im vorgeheizten Backofen bei 190 Grad etwa 30 Minuten backen. Vor dem Servieren Puderzucker über die Kirschrollen stäuben.

FEINER KIRSCHKUCHEN

Zutaten:

Teig:

200 g Mehl
1 Teelöffel Backpulver
60 g Zucker
1 Päckchen Vanillezucker
1 Ei
100 g Butter

Belag:

2 Gläser Sauerkirschen
4 Esslöffel Speisestärke
6 Esslöffel Zucker
1 Teelöffel Zimt
1/2 l Kirschsaft

150 g Mehl
100 g Zucker
1 Päckchen Vanillezucker
1/2 Teelöffel Zimt
100 g Butter
2 Becher süße Sahne
1 Päckchen Vanillezucker
2 Päckchen Sahnesteif
100 g Zartbitter-Schokolade

Zubereitung:
Aus den Teigzutaten einen Mürbteig zubereiten. Für den Belag die Kirschen abtropfen lassen.

Speisestärke, Zucker, Zimt mit etwas Kirschsaft anrühren. Den restlichen Saft zum Kochen bringen. Speisestärke einrühren, kurz aufkochen, die Kirschen dazugeben, alles gut vermengen.

Mehl, Zucker, Vanillezucker, Zimt und Butter zusammenkneten, daraus ganz feine Streusel herstellen. Den Teig auswellen, in eine gefettete Kuchenform legen. Die abgekühlte Kirschmasse gleichmäßig darauf verteilen, mit den Streuseln abdecken.

Im vorgeheizten Backofen bei 180 Grad ca. 45 Minuten backen. Sahne, Vanillezucker, Sahnesteif schlagen, kurz vor dem Kirschkuchenschmaus auf den erkalteten Kuchen streichen und geraspelte Schokolade darüber streuen.

KIRSCHEN-KRÄNZCHEN

Zutaten:

200 g Butter
200 g Zucker
1 Päckchen Vanillezucker
4 Eier
200 g Mehl
100 g Speisestärke
100 g Grieß
1 Päckchen Backpulver
3 Esslöffel süße Sahne
3 Esslöffel Semmelbrösel
1 Teelöffel Zimt
3 Esslöffel Zucker
2 Gläser Sauerkirschen

Zubereitung:

Aus Butter, Zucker, Vanillezucker, Eier, Mehl, Speisestärke, Grieß, Backpulver, Sahne einen Rührteig herstellen. Anschließend Semmelbrösel, Zimt sowie Zucker vermischen, die abgetropften Kirschen darin wälzen. Schichtweise Teig und Kirschen in eine gefettete mit Semmelbrösel ausgestreute Kranzform geben. Zuerst etwa 1/3 des Teiges einfüllen, darauf die Hälfte der Kirschen verteilen, wieder 1/3 Teig, danach die restlichen Kirschen. Zum Schluss das letzte Drittel des Teiges gleichmäßig auftragen, glattstreichen. Im vorgeheizten Backofen bei 175 Grad ca. 1 Stunde backen.

KIRSCHEN-SCHMAUS

Zutaten:

Teig:

200 g Mehl

1/2 Teelöffel Backpulver

2 Esslöffel Kakao

100 g Zucker

1 Ei

125 g Butter

Belag:

2 Gläser Kirschen

3 Eier

80 g Zucker

1 Teelöffel Zimt

1 Becher Crème fraîche

1 Becher Naturjoghurt

1 Esslöffel Speisestärke

Zubereitung:
Alle Teigzutaten zu einem Mürbteig verarbeiten, kaltstellen. Diesen auf einer bemehlten Arbeitsfläche auswellen und in eine gefettete Quicheform legen (Teigboden mehrmals mit einer Gabel einstechen). Im vorgeheizten Backofen bei 200 Grad 15 Minuten vorbacken. Währenddessen den Guss zubereiten. Eier mit Zucker und Zimt schaumig schlagen. Danach Crème fraîche, Joghurt sowie Speisestärke einrühren. Nun auf den etwas ausgekühlten Kuchenboden die gut abgetropften Kirschen geben, darüber den Guss verteilen. Den Kuchen bei 180 Grad in weiteren ca. 35 Minuten fertig backen.

Ruck-Zuck-Käsekuchen

Zutaten:

250 g Butter, 250 g Zucker, 6 Eier,
2 Päckchen Vanillepuddingpulver,
1/2 Päckchen Backpulver, 1000 g Magerquark

Zubereitung:

Butter schaumig schlagen. Abwechselnd Zucker, 3 Eier sowie 3 Eigelb dazugeben, zu einer cremigen Masse rühren.
Pudding- und Backpulver vermischen, mit dem Quark einrühren.
Die 3 steif geschlagenen Eiweiß unterziehen.
Den Teig in eine ganz mit Back-Trennpapier ausgelegte Springform füllen.
Im vorgeheizten Backofen bei 180 Grad ca. 1 Stunde backen.
Den Kuchen in der Form erkalten lassen.

KOKOS-TRAUM

Zutaten:

Teig:

250 g Butter
250 g Zucker
1 Päckchen Vanillezucker
6 Eier
50 g Mehl
50 g Speisestärke
1/2 Päckchen Backpulver
50 g abgezogene, gemahlene Mandeln
150 g Kokosraspel
3 Esslöffel Milch

Belag:

4 Esslöffel Aprikosenmarmelade
Kokosraspel

Zubereitung:

Alle Teigzutaten zu einem Rührteig verarbeiten. Diesen in eine gefettete mit Semmelbrösel ausgestreute Springform füllen. Im vorgeheizten Backofen bei 180 Grad ca. 45 Minuten backen, danach auf einem Kuchengitter etwas auskühlen lassen. Die Marmelade erwärmen, durch ein Sieb streichen, den Kuchen damit überziehen und Kokosraspel darüber streuen.

ANANAS-KOKOS-KUCHEN

Zutaten:
250 g Butter
200 g Zucker
1 Päckchen Vanillezucker
5 Eier
200 g Mehl
100 g Speisestärke
1 Päckchen Backpulver
1 Dose Ananas-Scheiben
3 Esslöffel Aprikosenmarmelade
Kokosraspel

Zubereitung:
Einen Rührteig aus Butter, Zucker, Vanillezucker, Eier, Mehl, Speisestärke, Backpulver zubereiten. Die Hälfte des Teiges in eine gefettete Springform füllen und glattstreichen.

Die kleingeschnittenen Ananas-Stückchen unter den restlichen Teig mischen, ebenfalls in die Springform geben. Im vorgeheizten Backofen bei 180 Grad ca. 70 Minuten backen. Anschließend die Kuchenoberfläche mit der zuvor erwärmten Aprikosenmarmelade bestreichen und Kokosraspel darüber streuen.

APRIKOSEN-QUARK-KUCHEN

Zutaten:
Teig:
160 g Mehl
$^{1}/_{2}$ Teelöffel Backpulver
60 g Zucker
1 Ei
70 g Butter

Belag:
50 g Butter
80 g Zucker
1 Päckchen Vanillezucker
2 Eigelb
250 g Quark
1 Esslöffel Grieß
2 Eiweiß
1 Dose Aprikosenhälften

Zubereitung:
Alle Teigzutaten zu einem Mürbteig verarbeiten. Für den Belag Butter schaumig schlagen, abwechselnd Zucker, Vanillezucker, Eigelb dazugeben, gut rühren. Danach Quark und Grieß einrühren sowie Eischnee unterziehen. Den Teig auswellen, in eine gefettete Springform legen, die Quarkmasse gleichmäßig darauf verteilen und mit abgetropften Aprikosen belegen. Im vorgeheizten Backofen bei 175 Grad ca. 60 Minuten backen. Den erkalteten Kuchen mit steif geschlagener Sahne verzieren.

ZWETSCHGEN-KUCHEN

Zutaten:

Teig:

200 g Butter
200 g Zucker
1 Teelöffel Zimt
4 Eier
200 g Mehl
100 g Speisestärke
1 Päckchen Backpulver
100 g gemahlene Mandeln
$^{1}/_{8}$ l Milch

Füllung:

50 g gemahlene Mandeln
600 g Zwetschgen
etwas Zucker und Zimt

Zubereitung:

Aus den Teigzutaten einen Rührteig herstellen. Die Hälfte des Teiges in eine gefettete mit Semmelbrösel ausgestreute Springform füllen.

Im vorgeheizten Backofen bei 200 Grad ca. 10 Minuten vorbacken. Nun nacheinander etwa 30 g gemahlene Mandeln und die entsteinten Zwetschgen auf den Kuchen geben. Zuletzt das Zucker-Zimtgemisch sowie die restlichen Mandeln darüber streuen. Danach mit dem übrigen Rührteig abdecken und in weiteren ca. 45 Minuten fertig backen. Den erkalteten Kuchen mit steif geschlagener Sahne verzieren.

APFEL-FLÖCKCHEN

Zutaten:

Teig:
250 g Butter
200 g Zucker
1 Päckchen Vanillezucker
5 Eier
200 g Haferflocken
80 g Mehl
2 Teelöffel Backpulver

Belag:
500 g mürbe Äpfel
Saft einer halben Zitrone
2 Esslöffel Zucker
3 Esslöffel Rosinen
$^1/_2$ Teelöffel Zimt
75 g gemahlene Mandeln

Zubereitung:

Vor dem Herstellen des Rührteiges wird der Belag zubereitet. Dazu die geschälten, vom Kernhaus befreiten Äpfel in kleine Stücke schneiden, diese mit den übrigen Belagszutaten vermischen. Nachdem der Rührteig fertiggestellt ist, etwas mehr als die Hälfte der Teigmenge in eine gefettete mit Semmelbrösel ausgestreute Springform füllen. Darauf die Äpfel geben sowie den restlichen Teig gleichmäßig darüberstreichen. Im vorgeheizten Backofen bei 180 Grad ca. 50 Minuten backen. Nach dem Auskühlen Puderzucker über den Kuchen stäuben.

NUSSKUCHEN

Zutaten:

200 g Butter
250 g Zucker
6 Eier
150 g Mehl
1 Teelöffel Backpulver
1 Teelöffel Kakao
200 g gemahlene Haselnüsse
200 g Schokoraspel

Zubereitung:

Aus den Zutaten einen Rührteig herstellen. Zum Schluss Kakao, Haselnüsse einrühren und Schokoraspel unterziehen. Den Teig in eine gefettete mit Semmelbrösel ausgestreute Backform füllen. Im vorgeheizten Backofen bei 180 Grad ca. 45 Minuten backen. Den ausgekühlten Nusskuchen mit Puderzucker bestäuben.

BANANEN-KUCHEN

Zutaten:

Teig:
230 g Butter
250 g Zucker
1 Päckchen Vanillezucker
5 Eier
300 g Mehl
100 g Speisestärke
1 Päckchen Backpulver
120 ml Milch

Füllung:
2 Bananen
etwas Zitronensaft

Belag:
3 Esslöffel Aprikosenmarmelade
30 g Kokosraspel

Zubereitung:
Aus den Teigzutaten einen Rührteig zubereiten.

Danach die Bananen in Scheiben schneiden und mit Zitronensaft beträufeln. Anschließend etwa 2/3 des Teiges in eine gefettete Springform geben, darauf die Bananenscheiben legen, den restlichen Teig einfüllen und glatt streichen. Im vorgeheizten Backofen bei 200 Grad ca. 1 Stunde backen. Nun die Kuchenoberfläche mit der zuvor erwärmten Aprikosenmarmelade bestreichen und Kokosraspel darüber streuen.

APFELSTREUSELCHEN

Zutaten:
Teig:
150 g Butter
125 g Zucker
1 Päckchen Vanillezucker
3 Eier
250 g Mehl
1/2 Päckchen Backpulver
4 Esslöffel Milch

Belag:
1 kg mürbe Äpfel
Saft einer halben Zitrone
2 Esslöffel Zucker
80 g gemahlener Zwieback
100 g Zucker
1 Teelöffel Zimt
125 g Butter

Zubereitung:
Vor dem Herstellen des Rührteiges wird der Belag zubereitet. Dazu die geschälten, vom Kernhaus befreiten Äpfel in kleine Stücke schneiden. Über diese Zitronensaft träufeln und einzuckern, gut durchziehen lassen. Den Teig rühren, danach in eine gefettete mit Semmelbrösel ausgestreute Springform füllen. Darauf die Apfelstückchen geben. Gemahlener Zwieback, Zucker, Zimt vermischen, zerlassene Butter unterrühren, gleichmäßig über dem Kuchen verteilen. Im vorgeheizten Backofen bei 200 Grad ca. 45 Minuten backen.

BAUMHAUS-KUCHEN

Zutaten:
100 g Butter
175 g Zucker
3 Eier
Saft und Schale einer unbehandelten Zitrone
150 g Mehl
50 g Speisestärke
2 Teelöffel Backpulver
100 ml Milch

Zubereitung:
Aus den Zutaten einen Rührteig herstellen und in eine gefettete mit Semmelbrösel ausgestreute Kastenform füllen. Im vorgeheizten Backofen bei 200 Grad ca. 45 Minuten backen. Aus Puderzucker und Zitronensaft eine Glasur rühren, diese über den gebackenen, noch warmen Kuchen geben.

KÖSTLICHER APFELKUCHEN

Zutaten:

Teig:

250 g Mehl

1/2 Päckchen Backpulver

125 g Zucker

1 Päckchen Vanillezucker

1 Ei

150 g Butter

Belag:

3 Becher süße Sahne

1 Päckchen Vanille-puddingpulver

125 g Zucker

1 Päckchen Vanillezucker

14 kleine, mürbe Äpfel

3 Esslöffel gemahlene Haselnüsse

2 Esslöffel Zucker

1 Teelöffel Zimt

2 Esslöffel Rosinen

2 Esslöffel Crème fraîche

Zubereitung:

Alle Teigzutaten zu einem Mürbteig verarbeiten. Aus Sahne, Puddingpulver, Zucker, Vanillezucker einen Pudding nach Packungsanweisung kochen. Den ausgewellten Teig in eine gefettete mit Semmelbrösel ausgestreute Springform geben, dabei den Teig am Rand ganz hochziehen. Äpfel schälen und das Kernhaus herausstechen. Die ganzen Äpfel auf den Teigboden setzen. Haselnüsse, Zucker, Zimt, Rosinen, Crème fraîche verrühren, die Äpfel damit füllen. Über diese den ausgekühlten Pudding gleichmäßig verteilen. Im vorgeheizten Backofen bei 175 Grad ca. 75 Minuten backen. Den Apfelkuchen in der Form erkalten lassen.

Früchte-Muffins

Zutaten:

2 Eier, 100 g Zucker, 3 Esslöffel Kokosraspel, 200 g Mehl, 1 Teelöffel Backpulver, 100 g Butter, 1/8 l Buttermilch, 1 Dose Früchte-Cocktail

Zubereitung:

Eier schaumig schlagen, löffelweise Zucker dazugeben, gut mitrühren. Danach Kokosraspel sowie das Mehl mit Backpulver vermischt zufügen. Anschließend zerlassene Butter und Buttermilch einrühren. Die abgetropften Früchte unterziehen. Den Teig in Papierbackförmchen füllen. Im vorgeheizten Backofen bei 180 Grad ca. 20 Minuten backen.

Schoko-Mandel-Muffins

Zutaten:

100 g Butter, 100 g Zucker, 4 Eigelb, 100 g Schokolade, 4 Eiweiß, 50 g Mehl, 1/4 Teelöffel Backpulver, 100 g abgezogene, gemahlene Mandeln

Zubereitung:

Butter schaumig schlagen. Abwechselnd Zucker, Eigelb dazugeben, gut rühren. Anschließend die im Wasserbad geschmolzene Schokolade einrühren. Das steif geschlagene Eiweiß zusammen mit dem Mehl-, Backpulver-, Mandelgemisch unter den Teig ziehen. Diesen in Papierbackförmchen füllen. Im vorgeheizten Backofen bei 180 Grad ca. 20 Minuten backen.

SCHOKO-TRÖPFCHEN-KUCHEN

Zutaten:

4 Eier

200 g Puderzucker

1 Päckchen Vanillezucker

300 g Mehl

$^{1}/_{2}$ Päckchen Backpulver

1 Becher süße Sahne

2 Päckchen Schoko-Tröpfchen

Zubereitung:

Eier schaumig schlagen. Löffelweise Puderzucker, Vanillezucker dazugeben und cremig rühren. Das mit Backpulver vermischte Mehl sowie die Sahne einrühren. Die Schoko-Tröpfchen unterziehen. Den Teig in eine gefettete Kasten-, Kranz- oder Gugelhupfform füllen. Im vorgeheizten Backofen bei 180 Grad ca. 1 Stunde backen.

ZWERGEN-FARMKUCHEN

Zutaten:

Teig:
250 g Mehl
3/4 Päckchen Backpulver
125 g Quark
2 Esslöffel Zucker
5 Esslöffel Milch
5 Esslöffel Öl

Belag:
4 Eiweiß
150 g Zucker
1 Teelöffel Zimt
250 g gemahlene Haselnüsse
75 g Semmelbrösel
800 g Zwetschgen
etwas Zucker und Zimt
2 Esslöffel Haselnuss-blättchen

Zubereitung:
Alle Teigzutaten zu einem glatten Teig kneten. Für den Belag Eiweiß steif schlagen, löffelweise Puderzucker und Zimt einrühren. Haselnüsse, Semmelbrösel vermischen, vorsichtig unterziehen. Den ausgewellten Teig in eine gefettete Kuchenform geben. Die Nussmasse darauf streichen, mit den Zwetschgen belegen. Zucker, Zimt, Haselnussblättchen darüber streuen. Im vorgeheizten Backofen bei 200 Grad ca. 30 Minuten backen.

OBST-TÖRTCHEN

Zutaten:

Teig:

250 g Mehl
125 g Butter
75 g Zucker
1 Päckchen Vanillezucker
2 Eigelb
2 Esslöffel kaltes Wasser

Belag:

100 g Zartbitter-Kuvertüre
185 g Mascarpone
75 ml Milch
2 Esslöffel Zucker
2 Päckchen Vanillezucker
1 1/2 Becher süße Sahne

Obst zum Belegen:

z. B. Erdbeeren, Himbeeren, Trauben, Mandarinen, Tortenpfirsich-Schnitten, Kirschen, Kiwi

12 Torteletförmchen
Linsen oder Erbsen zum Blindbacken

Zubereitung:

Alle Teigzutaten zu einem Mürbteig verarbeiten. Nach dem Kaltstellen den Teig auf einer bemehlten Arbeitsfläche knapp 1/2 cm dick auswellen. Mit einem Torteletförmchen 12 Kreise ausstechen und diese in gefettete Förmchen legen. Zum Blindbacken Linsen oder Erbsen darauf verteilen.

Im vorgeheizten Backofen bei 200 Grad ca. 10 Minuten backen. Danach die Hülsenfrüchte entfernen, die Torteletts aus den Förmchen nehmen und auf einem Kuchengitter auskühlen lassen. Anschließend die Törtchen mit geschmolzener Kuvertüre ausstreichen. Für die Cremezubereitung Mascarpone, Milch, Zucker, Vanillezucker verrühren. Sahne nicht ganz steif schlagen, unter die Mascarpone-Creme mischen, damit die erkalteten Torteletts füllen. Das Obst beliebig auf den Törtchen verteilen, evtl. mit Sahne verzieren.

FARMER-SCHLEMMERTORTE

Zutaten:

Teig:

3 Eigelb

3 Esslöffel lauwarmes Wasser

100 g Puderzucker

1 Päckchen Vanillezucker

3 Eiweiß

50 g Mehl

50 g Speisestärke

1/2 Teelöffel Backpulver

Belag:

600 g Frischkäse

100 g Puderzucker

4 Esslöffel Milch

1 Esslöffel Zitronensaft

100 g gemahlene Haselnüsse

1 Becher süße Sahne
1 Päckchen Vanillezucker
1 Päckchen Sahnesteif
1 Dose Tortenpfirsich-Schnitten
1 Päckchen klarer Tortenguss

Zubereitung:
Alle Teigzutaten zu einem Biskuit verarbeiten, ca. 20 Minuten backen. Nach dem Auskühlen einen Tortenring umlegen. Da die Torte aus vier Belag-Schichten besteht wird als erste Lage die Frischkäsecreme aufgetragen. Hierzu Frischkäse, Puderzucker, Milch, Zitronensaft gut verrühren. Darüber Haselnüsse streuen. Anschließend Sahne mit Vanillezucker und Sahnesteif schlagen, als dritte Schicht auf die Haselnüsse geben. Darauf die abgetropften Pfirsich-Schnitten legen. Einen Tortenguss nach Packungsanweisung zubereiten, etwas abkühlen lassen, gleichmäßig auf der Torte verteilen.

KIRSCHTORTEN-SCHNITTEN

Zutaten:

Teig:
6 Eigelb
150 g Puderzucker
1 Päckchen Vanillezucker
6 Eiweiß
100 g Mehl
50 g Speisestärke
1/4 Teelöffel Backpulver

Belag:
2 Päckchen Sahnepuddingpulver
4 Gläser Sauerkirschen
1/4 Teelöffel Zimt
4 Becher süße Sahne
4 Päckchen Vanillezucker
4 Päckchen Sahnesteif
3 Beutel Mini-Schokoladen-Butterkekse

Zubereitung:

Eigelb, Zucker, Vanillezucker cremig rühren, unter das steif geschlagene Eiweiß ziehen. Mehl, Speisestärke, Backpulver vermischen, über die Schaummasse sieben, vorsichtig unterheben. Den Teig auf ein mit Back-Trennpapier ausgelegtes Backblech streichen. Im vorgeheizten Backofen bei 200 Grad ca. 15 Minuten backen. Danach auf ein Kuchengitter stürzen, das Back-Trennpapier abziehen. Für den Belag einen Pudding mit 1 l Saft der abgetropften Kirschen nach Packungsanweisung zubereiten. Zimt und evtl. noch etwas Zucker einrühren.

Leicht abgekühlt etwa die Hälfte des Puddings auf den Tortenboden streichen, darüber zunächst die Kirschen, anschließend den restlichen Pudding gleichmäßig verteilen. Eine Stunde kaltstellen. Sahne, Vanillezucker, Sahnesteif schlagen, etwa 3/4 davon auf den erkalteten Pudding geben.

Die Sahneschicht mit dicht aneinander gesetzten Mini-Keksen abdecken. Nun die Kirschtorte in quadratische oder rechteckige Stücke schneiden. Zum Schluss Sahne- und Kirschdekorationen anbringen.

PREISELBEER-TORTE

Zutaten:

Teig:

125 g Butter

125 g Zucker

1 Päckchen Vanillezucker

4 Eigelb

150 g gemahlene Haselnüsse

50 g Haferflocken

3 Esslöffel Kakao

$^{1}/_{2}$ Päckchen Backpulver

$^{1}/_{8}$ l Milch

4 Eiweiß

Belag:

3 Becher süße Sahne

3 Päckchen Vanillezucker

3 Päckchen Sahnesteif

2 Gläser Preiselbeeren

Schokoraspel zum Bestreuen

Zubereitung:

Alle Teigzutaten zu einem Rührteig verarbeiten. Diesen in eine mit Back-Trennpapier ausgelegte Springform füllen. Im vorgeheizten Backofen bei 175 Grad ca. 35 Minuten backen. Um den ausgekühlten Boden einen Tortenring legen. Für den Belag Sahne, Vanillezucker, Sahnesteif schlagen. Davon die Hälfte auf den Tortenboden streichen. Preiselbeeren gleichmäßig darüber verteilen, restliche Sahne auftragen, mit Schokoraspel verzieren.

HEIDELBEER-TORTE

Zutaten:

Teig:

3 Eigelb
1 Esslöffel lauwarmes Wasser
100 g Puderzucker
1 Esslöffel Essig
2 Esslöffel Öl
3 Eiweiß
70 g Mehl
30 g Speisestärke
1 Teelöffel Backpulver

Belag:

2 Becher süße Sahne
3 Esslöffel Zucker
2 Päckchen Vanillezucker
5 Päckchen Sahnesteif
500 g Naturjoghurt
2 Gläser Heidelbeeren
(Saft aufheben für den Tortenguss)
1 Päckchen klarer Tortenguss

Dekoration:

1 Becher süße Sahne
1 Päckchen Vanillezucker
1 Päckchen Sahnesteif
50 g Mandelblättchen

Zubereitung:

Für den Teig Eigelb, Wasser, Puderzucker schaumig schlagen. Essig sowie nach und nach Öl einrühren. Den Eischnee auf die Creme geben, darüber das mit Speisestärke und Backpulver vermischte Mehl sieben, vorsichtig unterziehen. Den Teig in eine mit Pergamentpapier ausgelegte Springform füllen. Im vorgeheizten Backofen bei 175 Grad ca. 25 Minuten backen. Auf einem Kuchengitter auskühlen lassen.

Für den Belag Sahne, Zucker, Vanillezucker, Sahnesteif gut schlagen, Joghurt einrühren. Einen Tortenring um den Biskuit legen, die Joghurt-Sahne-Creme gleichmäßig darauf streichen. Die abgetropften Heidelbeeren darüber geben. Einen Tortenguss mit dem Heidelbeersaft nach Packungsanweisung kochen, leicht abgekühlt auf der Torte verteilen. Diese vor dem Verzieren einige Stunden in den Kühlschrank stellen. Anschließend Sahne, Vanillezucker, Sahnesteif schlagen. Den Tortenrand mit Sahne bestreichen und gerösteten Mandelblättchen bestreuen. Zum Schluss restliche Sahne aufspritzen.

BANANENSAHNE-TORTE

Zutaten:

Teig:

8 Eigelb

200 g Zucker

1 Päckchen Vanillezucker

100 g geriebene Schokolade

200 g gemahlene Mandeln

50 g gemahlener Zwieback

1 1/2 Päckchen Backpulver

8 Eiweiß

Füllung:

3 Becher süße Sahne

3 Päckchen Sahnesteif

2 Päckchen Vanillezucker

2 pürierte Bananen

Zubereitung:

Eigelb, Zucker, Vanillezucker schaumig schlagen. Schokolade, Mandeln, Zwieback mit Backpulver vermischt, löffelweise dazugeben, mitrühren. Anschließend das steif geschlagene Eiweiß unterziehen.

Den Teig in eine mit Back-Trennpapier ausgelegte Springform füllen. Im vorgeheizten Backofen bei 180 Grad ca. 40 Minuten backen, danach auf einem Kuchengitter auskühlen lassen.

Für die Füllung Sahne mit Sahnesteif und Vanillezucker schlagen, das Bananenpüree einrühren. Die Bananensahne in den zuvor ausgehöhlten Tortenboden füllen (beim Aushöhlen beachten, dass ein etwa 1 cm breiter Rand sowie ein dünner Boden stehen bleibt). Die Tortenbodenreste zerkrümeln und gleichmäßig auf der Torte verteilen, darüber Puderzucker stäuben.

SCHOKOSAHNE-TORTE

Zutaten:

Teig:

6 Eigelb
6 Esslöffel lauwarmes Wasser
240 g Puderzucker
1 Päckchen Vanillezucker
6 Eiweiß
140 g Mehl
140 g Speisestärke
1 Teelöffel Backpulver

Belag:

4 Becher süße Sahne
100 g Vollmilch-Schokolade
100 g Zartbitter-Schokolade
2 Päckchen Vanillezucker
4 Päckchen Sahnesteif

Zubereitung:

Alle Teigzutaten zu einem Biskuit verarbeiten. Backzeit ca. 45 Minuten. Nach dem Auskühlen zweimal waagerecht durchschneiden.

Für den Belag einen Becher Sahne erhitzen, darin die Schokolade unter Rühren schmelzen, anschließend abkühlen lassen. Restliche Sahne, Vanillezucker, Sahnesteif schlagen, löffelweise die erkaltete Schokosahne untermischen. Den Tortenring um einen Biskuitboden legen. Mit einem Drittel Schokosahnecreme bestreichen, darüber den zweiten Boden geben, darauf wieder etwas Creme, anschließend mit dem letzten Boden abdecken. Zum Schluss die restliche Creme auf der Tortenoberfläche gleichmäßig verteilen, einige Stunden kaltstellen, mit geraspelter Schokolade verzieren.

ERDBEERTRAUM

Zutaten:

Teig:

175 ml Milch
200 g Zucker
150 g Mehl
4 Eigelb
4 Eiweiß

Belag:

400 g Frischkäse
2 Becher Schmand
60 g Zucker
1 Päckchen Sahnesteif
2 Becher süße Sahne
2 Päckchen Vanillezucker
2 Päckchen Sahnesteif
250 g Erdbeeren
50 g Zucker
1 Päckchen Vanillezucker
1 Päckchen gemahlene weiße Gelatine
Erdbeeren zum Dekorieren

Zubereitung:

Milch, Zucker, Mehl unter Rühren aufkochen, abkühlen lassen. Nacheinander die Eigelb einrühren sowie das steif geschlagene Eiweiß unterziehen. Den Teig in eine mit Back-Trennpapier ausgelegte Springform füllen. Im vorgeheizten Backofen bei 200 Grad ca. 30 Minuten backen. Für den Belag Frischkäse, Schmand, Zucker und Sahnesteif verrühren. Danach Sahne, Vanillezucker, Sahnesteif schlagen, davon etwas mehr als die Hälfte unter die Frischkäsecreme ziehen. Pürierte Erdbeeren, Zucker, Vanillezucker und die nach Packungsanweisung aufgelöste Gelatine vermischen.

Um den ausgekühlten Boden einen Tortenring legen, Frischkäse-Sahnemasse auftragen, über diese das Erdbeerpüree verteilen. Nach dem Glattstreichen kann die Torte noch marmoriert werden, indem man durch das Erdbeerpüree mit einer Gabel ein Muster zieht.

Die Erdbeertorte einige Stunden kaltstellen. Anschließend restliche Sahne dekorativ aufspritzen und mit Erdbeeren verzieren.

MOHNKREATION

Zutaten:

Teig:

4 Eigelb
4 Esslöffel lauwarmes Wasser
180 g Puderzucker
$^{1}/_{2}$ Teelöffel Zimt
125 g gemahlener Mohn
100 g Mehl
$^{1}/_{2}$ Päckchen Backpulver
4 Eiweiß

Belag:

4 Esslöffel Himbeer-Johannisbeer-Gelee
2 Becher süße Sahne
2 Päckchen Vanillezucker
2 Päckchen Sahnesteif
Mohn zum Bestreuen

Zubereitung:

Eigelb, Wasser, Zucker schaumig schlagen. Zimt, Mohn, Mehl mit Backpulver vermischt vorsichtig einrühren. Das steif geschlagene Eiweiß unterheben. Den Teig in eine mit Back-Trennpapier ausgelegte Springform füllen. Im vorgeheizten Backofen bei 175 Grad ca. 30 Minuten backen.

Den Biskuit nach dem Auskühlen einmal in der Mitte quer durchschneiden. Auf beide Tortenböden erwärmtes Gelee streichen. Sahne, Vanillezucker, Sahnesteif schlagen, etwa zwei Drittel davon auf dem einen Boden verteilen. Den anderen mit der Geleeseite über die Sahneschicht legen. Restliche Sahne auftragen und mit Mohn bestreuen.

Zwergenstübchen

BACKBUCH

Kaum zu glauben, aber wahr –
das Zwergenstübchen wird 20 Jahr'.

Damals entschloss sich die Zwergenschar ein ganz besonderes Backbuch zu schreiben. Gesagt, getan und entstanden ist das erste Zwergenstübchen-Backbuch. Diesem folgte bis heute eine ganze Reihe wunderschöner Zwergenstübchen-Bücher. Danke, liebe Zwergen-Freunde, für die vielen Jahre der Treue – Sie allein haben es uns ermöglicht so viele herrliche Zwergen-Bücher zu schreiben, zu illustrieren, zu fotografieren. Unser Dankeschön an Sie ist nun unser allererstes Backbuch, neu geschrieben, mit neuen Illustrations-Geschichten versehen und extra zum 20-jährigen Jubiläum neu aufgelegt. Natürlich, wie könnte es auch anders sein, dreht sich im neuen Backbuch alles um den 20. Geburtstag des Zwergenstübchens. Feiern und backen Sie kräftig mit und freuen Sie sich auf viele weitere Zwergenstübchen-Bücher.

Liebe Grüße aus der Zwergen-Backstube
Elke und Timo Schuster

ZWERGENKÜSSCHEN-TORTE

Zutaten:

Teig:
3 Eigelb
3 Esslöffel lauwarmes Wasser
100 g Puderzucker
1 Päckchen Vanillezucker
3 Eiweiß
50 g Mehl
50 g Speisestärke
1/2 Teelöffel Backpulver

Belag:
12 große „Zwergenküsse"
250 g Speisequark
1 Esslöffel Zucker
1 Esslöffel Zitronensaft
1 Becher süße Sahne
1 Päckchen Sahnesteif
8 kleine „Zwergenküsschen"

Zubereitung:
Alle Teigzutaten zu einem Biskuit verarbeiten, ca. 20 Minuten backen. Von den „Zwergenküssen" die Waffelböden abschneiden. Die Schaummasse zerdrücken, Quark, Zucker, Zitronensaft einrühren, sowie die mit Sahnesteif geschlagene Sahne unterziehen. Diese Creme gleichmäßig auf dem Tortenboden verteilen, mit halbierten „Zwergenküsschen" verzieren, kaltstellen.

ZWERGENSTÜBCHENS GEBURTSTAGS-TORTE

Zutaten:

Teig:

6 Eigelb
6 Esslöffel lauwarmes Wasser
200 g Zucker
1 Päckchen Vanillezucker
100 g gemahlene Haselnüsse
100 g geraspelte Zartbitter-Schokolade
6 Eiweiß
50 g Mehl
50 g Speisestärke
1 Teelöffel Backpulver
1 Esslöffel Kakao

Belag:

1 Päckchen Vanille-Puddingpulver
500 ml Milch
2 Esslöffel Zucker
2 Becher süße Sahne
1 Esslöffel Zucker
1 Päckchen Vanillezucker
2 Päckchen Sahnesteif
1 Esslöffel Kakao

Zubereitung:

Eigelb, Wasser, Zucker, Vanillezucker cremig rühren. Haselnüsse und Schokolade leicht einrühren, steif geschlagenes Eiweiß darauf geben. Das mit Speisestärke, Backpulver und Kakao vermischte Mehl darüber sieben und vorsichtig unterheben.

Den Teig in eine mit Back-Trennpapier ausgelegte Springform füllen. Im vorgeheizten Backofen bei 175 Grad ca. 45 Minuten backen. Den Biskuit nach dem Auskühlen einmal in der Mitte quer durchschneiden, einen Tortenring um den Boden legen.

Für den Belag einen Pudding nach Packungsanweisung zubereiten, leicht abkühlen lassen, danach gleichmäßig auf dem Tortenboden verteilen, mit dem zweiten Boden abdecken und kaltstellen. Anschließend Sahne, Zucker, Vanillezucker, Sahnesteif schlagen und den Kakao einrühren. Nun die Torte mit der Sahne überziehen und beliebig verzieren.

MARMORKUCHEN

Zutaten:
300 g Butter
200 g Zucker
5 Eier
200 g Mehl
100 g Speisestärke
1 Päckchen Backpulver
2 Esslöffel Kakao
1 Esslöffel Zucker
3 Esslöffel Milch

Zubereitung:
Aus Butter, Zucker, Eier, Mehl, Speisestärke und Backpulver einen Rührteig herstellen. Kakao, Zucker, Milch verrühren und mit etwa 1/3 der Teigmasse vermischen.

Die Hälfte des hellen Teiges in eine gefettete mit Semmelbrösel ausgestreute Gugelhupfform füllen, darauf dunklen, zum Schluss restlichen hellen Teig geben. Für die Marmorierung den Teig mit einer Gabel durchziehen. Im vorgeheizten Backofen bei 175 Grad ca. 60 Minuten backen. Über den erkalteten Kuchen Puderzucker stäuben oder mit Schokoglasur verzieren.

Limonade-Kuchen

Zutaten:

4 Eier, 2 Tassen Zucker,
1 Päckchen Vanillezucker, 1 Tasse Öl,
3 Tassen Mehl, 1 Päckchen Backpulver,
1 Tasse Orangen-Limonade

Zubereitung:

Eier, Zucker und Vanillezucker schaumig schlagen.
Unter Rühren das Öl zufügen.
Nach und nach das mit Backpulver vermischte Mehl
sowie die Limonade einrühren.
Den Teig in eine gefettete Kastenform geben
und im vorgeheizten Backofen
bei 180 Grad ca. 45 Minuten backen.

Torteng
KLAR
schnell

KIWI-TORTE

Zutaten:

- 250 g Löffelbiskuits
- 150 g Butter
- 1 Päckchen Zitronen-Götterspeise
- 150 ml kaltes Wasser
- 200 g Frischkäse
- 1 Zitrone
- 100 g Zucker
- 1 Päckchen Vanillezucker
- 2 Becher süße Sahne
- einige Kiwis

Zubereitung:

Fein zerbröselte Löffelbiskuits (2 Stück zurückbehalten) mit der zuvor geschmolzenen, leicht abgekühlten Butter vermischen und als Boden in eine gefettete Springform geben, fest andrücken.

Die Götterspeise mit Wasser anrühren, diese 10 Minuten quellen lassen, anschließend unter Rühren erhitzen, danach abkühlen lassen. Frischkäse, Saft einer Zitrone, Zucker, Vanillezucker und die Götterspeise gut verrühren, steif geschlagene Sahne unterziehen.

Die Creme auf dem Boden verteilen, einige Stunden kaltstellen. Restliche Löffelbiskuits zerbröseln, über die Torte streuen und mit Kiwischeiben belegen.

Ananas-Kuchen

Zutaten:

250 g Butter, 2 Tassen Zucker, 1 Päckchen Vanillezucker, 4 Eier,
4 Tassen Mehl, 1 Päckchen Backpulver,
1 Tasse Ananassaft, 2 Dosen Ananas-Scheiben

Zubereitung:

Butter im Wasserbad schmelzen lassen.
Unter Rühren nach und nach Zucker, Vanillezucker, Eier, Mehl, Backpulver und Ananassaft zufügen, zu einer cremigen Masse schlagen.
Den Teig auf ein mit Back-Trennpapier ausgelegtes Backblech gleichmäßig verstreichen und mit den Ananas-Scheiben belegen.
Im vorgeheizten Backofen bei 200 Grad ca. 20 Minuten backen.

SCHOKO-KUCHEN

Zutaten:
150 g Butter
200 g Zucker
1 Päckchen Vanillezucker
1 Prise Salz
6 Eigelb
200 g Vollmilch-Schokolade
125 g gemahlene Mandeln
125 g gemahlener Zwieback
1 Teelöffel Backpulver
6 Eiweiß
200 g Puderzucker
1 Päckchen Vanillezucker
3 Esslöffel Wasser

Zubereitung:
Butter, Zucker, Vanillezucker, Salz und Eigelb schaumig schlagen. Die geschmolzene, abgekühlte Schokolade dazugeben. Mandeln, Zwieback und Backpulver einrühren. Das steif geschlagene Eiweiß unterziehen. Den Teig in eine gefettete Springform füllen und im vorgeheizten Backofen bei 175 Grad ca. 60 Minuten backen.

Puderzucker, Vanillezucker mit Wasser gut verrühren, die Glasur über den Kuchen geben.

MANDARINCHEN

Zutaten:

Teig:

200 g Mehl

1 Teelöffel Backpulver

75 g Zucker

1 Päckchen Vanillezucker

1 Ei

75 g Butter

Belag:

500 g Magerquark

150 g Zucker

1 Päckchen Vanillezucker

2 Eier

1 Päckchen Vanille-Puddingpulver

1/2 Tasse Öl

1/2 Becher Crème fraîche

1 1/2 Tassen Milch

1 Dose Mandarinen

Zubereitung:
Aus den Teigzutaten einen Mürbteig herstellen. Für den Belag Quark, Zucker, Vanillezucker, Eier verrühren. Nach und nach Puddingpulver, Öl, Crème fraîche, Milch einrühren.

Den ausgewellten Teig in eine gefettete Kuchenform geben. Die flüssige Quarkmasse einfüllen und die Mandarinen darauf verteilen. Im vorgeheizten Backofen bei 180 Grad ca. 50 Minuten backen.

ZWERGENSTÜBCHENS FRUCHTIGE SAHNETORTE

Zutaten:

Teig:

150 g Butter
140 g Zucker
3 Eier
50 g Mehl
1 Päckchen Backpulver
125 g gemahlene Haselnüsse
1 Teelöffel Zimt
2 Esslöffel Milch

Belag:

2 Becher süße Sahne
2 Päckchen Vanillezucker
2 Päckchen Sahnesteif
100 g geraspelte Schokolade
1 Dose Ananas-Stückchen

Zubereitung:

Teigzutaten zu einem Rührteig verarbeiten. Den Teig in eine gefettete mit Semmelbrösel ausgestreute Springform füllen. Im vorgeheizten Backofen bei 175 Grad ca. 35 Minuten backen. Für den Belag eine dünne obere Schicht des ausgekühlten Bodens abschneiden und zerkrümeln. Sahne mit Vanillezucker und Sahnesteif schlagen, die Krümel, Schokolade, abgetropfte Ananas-Stückchen einrühren. Die Masse auf dem Boden verteilen, kaltstellen und vor dem Servieren mit Ananas-Stückchen dekorieren.

Schoko-Muffins

Zutaten:

200 g Butter, 2 Tassen Zucker, 1 Päckchen Vanillezucker, 4 Eier,
3 Tassen Mehl, 1 Tasse Speisestärke, 2 Teelöffel Backpulver,
etwas süße Sahne, 100 g geraspelte Schokolade

Zubereitung:

Aus den Zutaten einen Rührteig herstellen.
Zum Schluss die Schokolade unterziehen.
Den Teig in Papierbackförmchen füllen. Im vorgeheizten Backofen
bei 180 Grad ca. 20 Minuten backen.
Die ausgekühlten Schoko-Muffins glasieren oder mit Puderzucker bestäuben.

KOKOS-TORTE

Zutaten:

Teig:

125 g Butter
125 g Zucker
1 Päckchen Vanillezucker
4 Eier
100 g Mehl
2 Teelöffel Backpulver
50 g Kokosraspel

Belag:

etwas Erdbeer-Marmelade
2–3 Bananen
3 Becher süße Sahne
2 Päckchen Vanillezucker
2 Päckchen Sahnesteif
14 Kokoskugeln

Zubereitung:

Aus Butter, Zucker, Vanillezucker, Eier, Mehl, Backpulver und den leicht gerösteten Kokosraspel einen Rührteig herstellen. Den Teig in eine gefettete Springform füllen, im vorgeheizten Backofen bei 175 Grad ca. 30 Minuten backen. Erdbeer-Marmelade kurz erwärmen, auf den ausgekühlten Boden streichen, mit Bananenscheiben belegen.

Sahne, Vanillezucker, Sahnesteif schlagen, sieben zerkleinerte Kokoskugeln untermischen. Mit der Kokos-Sahne den Boden überziehen und die restlichen halbierten Kokoskugeln als Dekoration anbringen.

ZWERGEN-KIRSCHKUCHEN

Zutaten:

Teig:

200 g Mehl

1/2 Teelöffel Backpulver

70 g Zucker

1 Päckchen Vanillezucker

2 Eigelb

3 Esslöffel Crème fraîche

100 g Butter

Belag:

30 g gemahlene Haselnüsse

2 Gläser Kirschen

300 g Crème fraîche

100 g Zucker

1 Ei

1 Päckchen Vanille-Puddingpulver

1 Päckchen Vanillezucker

Zubereitung:

Aus den Teigzutaten einen Mürbteig herstellen. Den Teig auswellen, in eine gefettete Kuchenform legen. Haselnüsse auf den Teigboden streuen, die gut abgetropften Kirschen darüber verteilen. Crème fraîche, Zucker, Ei, Puddingpulver, Vanillezucker verrühren, über die Kirschen geben. Im vorgeheizten Backofen bei 175 Grad ca. 50 Minuten backen. Den erkalteten Kuchen mit Puderzucker bestäuben.

BÖHMISCHER KIRSCHKUCHEN

Zutaten:

Teig:

200 g Butter

175 g Zucker

1 Päckchen Vanillezucker

3 Eier

200 g Mehl

1 Teelöffel Backpulver

1 Teelöffel Zimt

2 Esslöffel Milch

Belag:

2 Gläser Kirschen

2 Esslöffel Zucker

2 Esslöffel gehackte Mandeln

Zubereitung:

Aus den Teigzutaten einen Rührteig herstellen. Den Teig in eine gefettete mit Semmelbrösel ausgestreute Springform füllen, die gut abgetropften Kirschen darauf verteilen. Im vorgeheizten Backofen bei 175 Grad ca. 50 Minuten backen. 10 Minuten vor Backende die mit Zucker vermischten Mandeln darüber streuen.

HANSEN-JENSEN-TORTE

Zutaten:

Teig:

100 g Butter

100 g Zucker

1 Päckchen Vanillezucker

4 Eigelb

125 g Mehl

1/2 Päckchen Backpulver

2 Esslöffel Milch

Baisermasse:

4 Eiweiß

150 g Zucker

80 g Mandelblättchen

Füllung:

1 Glas Sauerkirschen (Saft aufheben)

2 Päckchen roter Tortenguss

2 Becher süße Sahne

1 Päckchen Vanillezucker

2 Päckchen Sahnesteif

Zubereitung:

Aus den Teigzutaten einen Rührteig herstellen, diesen zu gleichen Teilen in zwei gleichgroße, gefettete Springformen geben und im vorgeheizten Backofen bei 180 Grad ca. 10 Minuten vorbacken.

Das Eiweiß steif schlagen, den Zucker gut einrühren und auf beiden Böden gleichmäßig verteilen, Mandelblättchen darüber streuen und in weiteren ca. 15 Minuten fertig backen.

Einen Boden gleich in 12 Tortenstückchen schneiden. Um den anderen ausgekühlten Boden einen Tortenring legen. Den Tortenguss mit dem Saft der Kirschen aufkochen, Kirschen untermischen und abgekühlt auf den Boden geben, kaltstellen. Zum Schluss die mit Vanillezucker und Sahnesteif geschlagene Sahne über die Kirschen streichen und die Tortenstückchen darauf legen.

FRANKFURTER KRANZ

Zutaten:

Teig:
150 g Butter
150 g Zucker
1 Päckchen Vanillezucker
5 Eier
250 g Mehl
70 g Speisestärke
1 Päckchen Backpulver
4 Esslöffel Milch

Creme:
1 Päckchen Vanille-Puddingpulver
500 ml Milch
100 g Zucker
250 g Butter

125 g Krokantstreusel
1 Becher süße Sahne
1 Päckchen Vanillezucker
1 Päckchen Sahnesteif
12 Belegkirschen

Zubereitung:
Aus den Teigzutaten einen Rührteig herstellen, diesen in eine gefettete Kranzform geben und im vorgeheizten Backofen bei 175 Grad ca. 60 Minuten backen. Für die Creme einen Pudding nach Packungsanweisung zubereiten, abkühlen lassen. Butter schaumig schlagen, löffelweise Pudding einrühren. Den ausgekühlten Kranz zweimal quer durchschneiden. Creme auf den unteren Boden streichen, darüber den zweiten Boden legen, ebenso bestreichen, den letzten Boden aufsetzen.

Mit der restlichen Creme den Kranz überziehen, die Krokantstreusel darauf verteilen. Sahne, Vanillezucker, Sahnesteif schlagen, 12 Rosetten auf den Frankfurter Kranz spritzen und Kirschen dekorativ anbringen.

DONAUWELLEN

Zutaten:

250 g Butter
200 g Zucker
1 Päckchen Vanillezucker
6 Eier
350 g Mehl
1/2 Päckchen Backpulver
2 Esslöffel Kakao
2 Gläser Sauerkirschen
2 Päckchen Vanille-
Puddingpulver
750 ml Milch
100 g Zucker
250 g Butter
300 g Kuvertüre

Zubereitung:

Aus Butter, Zucker, Vanillezucker, Eier, Mehl und Backpulver einen Rührteig herstellen. Ca. $^1/_3$ des Teiges mit dem Kakao verrühren. Den hellen Teig auf ein gefettetes Backblech streichen, darüber den dunklen Teig geben. Anschließend mit einer Gabel Wellen durch den Teig ziehen, die gut abgetropften Kirschen darauf verteilen. Im vorgeheizten Backofen bei 175 Grad ca. 40 Minuten backen.

Pudding mit Milch und Zucker nach Packungsanweisung zubereiten, abkühlen lassen. Butter schaumig schlagen, löffelweise Pudding einrühren. Die Creme auf den erkalteten Kuchen geben und mit der im Wasserbad geschmolzenen Kuvertüre überziehen.

LINZERTORTE

Zutaten:

250 g Mehl
1 Teelöffel Backpulver
250 g gemahlene Mandeln
250 g Zucker
1 Päckchen Vanillezucker
2 Eier
1 Teelöffel Zimt
1 Messerspitze Nelken
1 Esslöffel Kakao
250 g Butter

250 g Marmelade

Zubereitung:

Aus den Teigzutaten einen Mürbteig herstellen. Ca. 3/4 des Teiges auswellen, in eine gefettete Springform geben. Die Marmelade auf dem Boden verteilen und den restlichen ausgewellten, in Streifen geschnittenen Teig gitterförmig darüber legen. Im vorgeheizten Backofen bei 175 Grad ca. 45 Minuten backen.

NUSS-TÖRTCHEN

Zutaten:

200 g Butter
200 g Zucker
1 Päckchen Vanillezucker
4 Eier
175 g Mehl
70 g Speisestärke
2 Teelöffel Backpulver
1/2 Becher süße Sahne
50 g gemahlene Haselnüsse

Zubereitung:

Aus den Zutaten einen Rührteig herstellen. Zum Schluss die Haselnüsse unterziehen. Den Teig in Papierbackförmchen füllen. Im vorgeheizten Backofen bei 180 Grad ca. 20 Minuten backen. Die ausgekühlten Nuss-Törtchen glasieren oder mit Puderzucker bestäuben.

Zitronen-Kuchen

Zutaten:

350 g Butter, 350 g Zucker, 1 Päckchen Vanillezucker,
6 Eier, 350 g Mehl, 1 Päckchen Backpulver,
2 Zitronen, 250 g Puderzucker

Zubereitung:

Butter, Zucker, Vanillezucker, Eier, Mehl, Backpulver und die abgeriebene Schale der Zitronen zu einem Rührteig verarbeiten. Den Teig auf ein gefettetes Backblech geben und im vorgeheizten Backofen bei 200 Grad ca. 25 Minuten backen. Puderzucker mit 5 Esslöffel Zitronensaft glatt rühren und über den warmen Kuchen streichen.

ERDBEER-JOGHURT-TORTE

Zutaten:

Teig:

3 Eigelb
3 Esslöffel lauwarmes Wasser
100 g Puderzucker
1 Päckchen Vanillezucker
3 Eiweiß
50 g Mehl
50 g Speisestärke
1/2 Teelöffel Backpulver

Belag:

500 g Erdbeeren
125 g Zucker
2 Becher Erdbeerjoghurt
12 Blatt Gelatine
2 Becher süße Sahne
2 Päckchen Vanillezucker

Zubereitung:

Aus den Teigzutaten einen Biskuit herstellen, ca. 20 Minuten backen. Erdbeeren mit Zucker pürieren, Erdbeerjoghurt sowie die nach Packungsanweisung aufgelöste Gelatine einrühren. Sahne und Vanillezucker steif schlagen, unter die Erdbeermasse mischen. Um den ausgekühlten Boden einen Tortenring legen, das Erdbeerpüree gleichmäßig auftragen, kaltstellen.

ZWERGENSTÜBCHENS KÄSEKUCHEN

Zutaten:

Teig:
250 g Mehl
1 Teelöffel Backpulver
100 g Zucker
1 Päckchen Vanillezucker
1 Ei
1 Esslöffel Crème fraîche
100 g Butter

Belag:
750 g Magerquark
200 g Zucker
1 Päckchen Vanillezucker
5 Eigelb
1 Becher Crème fraîche
30 g Mehl
1 Päckchen Vanille-Puddingpulver
5 Eiweiß

Zubereitung:
Alle Teigzutaten zu einem Mürbteig verarbeiten. Für den Belag Quark, Zucker, Vanillezucker, Eigelb, Crème fraîche, Mehl und Puddingpulver gut verrühren, steif geschlagenes Eiweiß unterziehen.

Den ausgewellten Teig in eine gefettete Springform geben, Quarkmasse einfüllen und im vorgeheizten Backofen bei 200 Grad ca. 60 Minuten backen, danach noch etwa 10 Minuten im ausgeschalteten Backofen stehen lassen.

NUSSECKEN

Zutaten:

Teig:

225 g Mehl
75 g Speisestärke
1 Teelöffel Backpulver
125 g Zucker
2 Päckchen Vanillezucker
2 Eier
1 Esslöffel Crème fraîche
125 g Butter

Belag:

150 g Marmelade
200 g Butter
200 g Zucker
2 Päckchen Vanillezucker
400 g gemahlene Haselnüsse
6 Esslöffel Wasser
Kuvertüre

Zubereitung:

Aus den Teigzutaten einen Mürbteig herstellen.

Den ausgewellten Teig auf ein gefettetes Backblech legen und mit Marmelade bestreichen. Für den Belag Butter, Zucker, Vanillezucker schmelzen, abwechselnd Haselnüsse und Wasser einrühren, danach die Nussmasse auf dem Boden verteilen. Im vorgeheizten Backofen bei 175 Grad ca. 45 Minuten backen. Leicht abgekühlt den Kuchen in 8 x 8 cm große Vierecke schneiden, diese zu Dreiecken teilen und die Ecken mit Kuvertüre verzieren.

FEINER APFELKUCHEN

Zutaten:

Teig:

200 g Butter
250 g Zucker
1 Päckchen Vanillezucker
6 Eigelb
300 g Mehl
1 Päckchen Backpulver
6 Eiweiß

Belag:

5 Äpfel
1 Esslöffel Zucker
1 Teelöffel Zimt

Zubereitung:

Butter schaumig schlagen. Abwechselnd Zucker, Vanillezucker, Eigelb dazugeben, zu einer cremigen Masse rühren. Nach und nach das mit Backpulver vermischte Mehl einrühren. Zum Schluss steif geschlagenes Eiweiß unterziehen. Den Teig in eine gefettete mit Semmelbrösel ausgestreute Springform füllen. Die zuvor geschälten, entkernten, geviertelten und auf der oberen Seite dünn eingeschnittenen Äpfel, mit Zucker und Zimt vermischen. Die Apfelstücke auf dem Teig verteilen, etwas eindrücken. Im vorgeheizten Backofen bei 180 Grad ca. 45 Minuten backen. Über den ausgekühlten Kuchen Puderzucker stäuben.

APFELKUCHEN VOM BLECH

Zutaten:

Teig:

300 g Mehl
½ Würfel Hefe
100 g Zucker
1/8 l lauwarme Milch
80 g Butter
1 Ei

Belag:

1 1/2 kg Äpfel
3 Esslöffel Zucker
1 Teelöffel Zimt
1 Becher süße Sahne
1 Becher Crème fraîche
1 Esslöffel Zucker
1 Päckchen Vanillezucker

Zubereitung:

Die Teigzutaten zu einem Hefeteig verarbeiten. Danach den Teig auf einer bemehlten Arbeitsfläche auswellen, auf ein gefettetes Backblech legen.

Die geschälten, vom Kernhaus befreiten Äpfel grob raspeln, Zucker und Zimt untermischen und auf dem Teig verteilen. Sahne, Crème fraîche, Zucker, Vanillezucker verrühren, über die Äpfel gießen. Im vorgeheizten Backofen bei 175 Grad ca. 45 Minuten backen.

Foto Seite 92

APFELBROT

Zutaten:

750 g geraspelte Äpfel
200 g Zucker
1 Päckchen Vanillezucker
200 g Rosinen
125 g gemahlene Haselnüsse
1 Teelöffel Zimt
500 g Mehl
1 1/2 Päckchen Backpulver

Zubereitung:

Zucker, Vanillezucker, Rosinen, Haselnüsse, Zimt zu den Äpfeln geben, einige Stunden durchziehen lassen. Das mit Backpulver vermischte Mehl untermengen. Die Masse in zwei gefettete Kastenformen füllen. Im vorgeheizten Backofen bei 200 Grad ca. 50 Minuten backen.

SCHNECKENNUDEL-KUCHEN

Zutaten:

Teig:
500 g Mehl
1 Würfel Hefe
80 g Zucker
1 Päckchen Vanillezucker
$^{1}/_{4}$ l lauwarme Milch
80 g Butter

Füllung:
300 g gemahlene Haselnüsse
150 g Zucker
1 Päckchen Vanillezucker
1 Teelöffel Zimt
1 Becher süße Sahne
20 g zerlassene Butter

Zubereitung:

Die Teigzutaten zu einem Hefeteig verarbeiten. Für die Füllung Haselnüsse, Zucker, Vanillezucker, Zimt mit etwas Sahne zu einer streichfähigen Masse verrühren. Den Teig auf einer bemehlten Arbeitsfläche rechteckig auswellen, mit zerlassener Butter bestreichen und die Füllung gleichmäßig darüber verteilen. Den Teig von der Längsseite her aufrollen. Die Teigrolle in ca. 5 cm dicke Scheiben schneiden. Diese dicht nebeneinander in ein gefettetes, rundes Blech setzen, mit restlicher Sahne bestreichen. Im vorgeheizten Backofen bei 200 Grad ca. 30 Minuten backen.

BUTTERMILCH-WAFFELN

Zutaten:

125 g Butter
50 g Zucker
1 Päckchen Vanillezucker
1 Prise Salz
4 Eier
250 g Mehl
1 Teelöffel Backpulver
$^1/_4$ l Buttermilch

Zubereitung:

Aus den Zutaten einen Rührteig herstellen. In das vorgeheizte, leicht eingefettete Waffeleisen einen kleinen Schöpflöffel Teig geben, goldgelb backen. Mit einer Gabel die Waffel heraus nehmen, auf einem Kuchengitter auskühlen lassen. Nacheinander die Waffeln backen. Vor dem Servieren Puderzucker darüber stäuben.

SCHOKO-KIRSCHKUCHEN

Zutaten:

Teig:

150 g Butter
150 g Zucker
1 Päckchen Vanillezucker
3 Eier
200 g Mehl
100 g Speisestärke
1 Päckchen Backpulver
1 Esslöffel Kakao
1 Teelöffel Zimt
4 Esslöffel gemahlene Mandeln
200 ml Milch

100 g Zartbitter-Schokolade
1 Glas Sauerkirschen

Zubereitung:
Alle Teigzutaten zu einem Rührteig verarbeiten, zum Schluss die geraspelte Schokolade unterziehen. 2/3 des Teiges in eine gefettete mit Semmelbrösel ausgestreute Springform füllen, die Hälfte der Kirschen darüber verteilen.

Nacheinander den restlichen Teig sowie die Kirschen darauf geben. Im vorgeheizten Backofen bei 175 Grad ca. 60 Minuten backen. Nach dem Auskühlen Puderzucker über den Schoko-Kirschkuchen stäuben.

HAWAII-KUCHEN

Zutaten:

150 g Butter
150 g Zucker
1 Päckchen Vanillezucker
2 Eier
200 g Mehl
50 g Speisestärke
1 Päckchen Backpulver
3 Esslöffel Ananassaft
1 kleine Dose Ananas

Zubereitung:

Zerlassene, abgekühlte Butter schaumig schlagen. Unter Rühren abwechselnd Zucker, Vanillezucker und Eier dazugeben. Das mit Speisestärke, Backpulver vermischte Mehl und den Ananassaft einrühren, sowie die Ananaswürfelchen unterheben.

Im vorgeheizten Backofen bei 200 Grad ca. 50 Minuten backen. Nach Belieben mit Puderzuckerglasur, gehobelten Mandeln und Ananasstückchen verzieren.

SCHNEEFLÖCKCHEN-TORTE

Zutaten:

Teig:

3 Eigelb
3 Esslöffel lauwarmes Wasser
100 g Puderzucker
1 Päckchen Vanillezucker
3 Eiweiß
50 g Mehl
50 g Speisestärke
1/2 Teelöffel Backpulver

Belag:

1 Päckchen Vanille-Puddingpulver
500 ml Milch
150 g Puderzucker
250 g Quark
150 g Kokosraspel

Zubereitung:

Alle Teigzutaten zu einem Biskuit verarbeiten, ca. 20 Minuten backen. Aus Puddingpulver, Milch und Zucker einen Pudding kochen, abkühlen lassen. Quark, Kokosraspel unter den Pudding rühren. Die Creme über den Biskuit streichen, Kokosraspel gleichmäßig darauf verteilen, kaltstellen.

SPIEGELEIER-KUCHEN

Zutaten:

Teig:

200 g Butter
200 g Zucker
1 Päckchen Vanillezucker
4 Eier
200 g Mehl
1 Päckchen Backpulver

Belag:

1 Päckchen Vanille-Puddingpulver
500 ml Milch
3 Esslöffel Zucker
1 Becher Crème fraîche
1 Dose Aprikosen
gehackte Pistazien

Guss:

250 ml Aprikosensaft
50 ml Wasser
1 Päckchen klarer Tortenguss

Zubereitung:
Alle Teigzutaten zu einem Rührteig verarbeiten. Den Teig auf ein mit Back-Trennpapier ausgelegtes Backblech streichen, im vorgeheizten Backofen bei 175 Grad 15 Minuten backen. In der Zwischenzeit einen Pudding nach Packungsanweisung zubereiten, abkühlen lassen, Crème fraîche unterrühren.

Die Masse als „Eiweiß“ fleckenartig auf dem Kuchen verteilen, weitere ca. 10 Minuten bei 175 Grad backen. Nach dem Abkühlen die abgetropften Aprikosenhälften als „Eigelb“ auf die „Eiweiß“ setzen, Pistazien darüber streuen. Mit Aprikosensaft und Wasser einen Tortenguss nach Packungsanweisung herstellen, auf den Kuchen geben.

SCHOKO-GEWÜRZKUCHEN

Zutaten:

Teig:

200 g Butter
300 g Zucker
1 Päckchen Vanillezucker
5 Eier
250 g Mehl
50 g Speisestärke
1 Päckchen Backpulver
1 Teelöffel Zimt
1 Messerspitze Nelken
1 Messerspitze Muskatnuss
$^1/_8$ l Milch

200 g geraspelte Schokolade

Zubereitung:

Alle Teigzutaten zu einem Rührteig verarbeiten, zum Schluss die Schokolade unterziehen. Den Teig in eine gefettete mit Semmelbrösel ausgestreute Springform füllen.

Im vorgeheizten Backofen bei 175 Grad ca. 60 Minuten backen. Nach Belieben mit geschmolzener Kuvertüre überziehen oder Puderzucker darüber stäuben.

APFELTASCHEN

Zutaten:

Teig:

300 g Mehl
1 Päckchen Backpulver
80 g Zucker
1 Päckchen Vanillezucker
250 g Quark
200 g Butter

Füllung:

3 große mürbe Äpfel
3 Esslöffel Rosinen
80 g Zucker
1 Teelöffel Zimt

Zubereitung:

Die Teigzutaten zu einem Mürbteig verarbeiten, kaltstellen. Für die Füllung Apfelwürfelchen, Rosinen, Zucker, Zimt vermischen, gut durchziehen lassen. Den Teig auf einer bemehlten Arbeitsfläche auswellen, in 8 cm große Quadrate schneiden. Auf diese jeweils in die Mitte der unteren Hälfte etwas Füllung geben. Die Ränder mit Milch bestreichen, zusammenklappen und andrücken. Im vorgeheizten Backofen bei 175 Grad ca. 20 Minuten backen. Nach dem Auskühlen Puderzucker darüber stäuben.

SCHWÄBISCHER TRÄUBLESKUCHEN

Zutaten:

Teig:

300 g Mehl

1/2 Teelöffel Backpulver

100 g Zucker

1 Päckchen Vanillezucker

2 Eigelb

175 g Butter

Belag:

1 Eigelb

3 Esslöffel Semmelbrösel

50 g gemahlene Mandeln

1 Esslöffel Zucker

4 Eiweiß

200 g Zucker

500 g Johannisbeeren

150 g gemahlene Mandeln

Zubereitung:

Aus den Teigzutaten einen Mürbteig herstellen. Den Teig auswellen, in eine gefettete Kuchenform legen, mit verquirltem Eigelb bestreichen. Semmelbrösel, Mandeln, Zucker vermischen, über dem Teig verteilen. Nun das Eiweiß steif schlagen, löffelweise Zucker zufügen, gut mitrühren, Johannisbeeren und Mandeln unterheben. Die Masse auf den Kuchen geben. Im vorgeheizten Backofen bei 175 Grad ca. 60 Minuten backen.

BANANEN-TORTE

Zutaten:

Teig:

3 Eigelb
3 Esslöffel lauwarmes Wasser
100 g Puderzucker
1 Päckchen Vanillezucker
3 Eiweiß
50 g Mehl
50 g Speisestärke
1/2 Teelöffel Backpulver

Belag:

3 Esslöffel Aprikosen-Marmelade
3 Bananen
2 Becher süße Sahne
1 Päckchen Vanillezucker
2 Päckchen Sahnesteif
100 g Schokolade
Schokostreusel

Zubereitung:

Alle Teigzutaten zu einem Biskuit verarbeiten, ca. 20 Minuten backen. Erwärmte Aprikosen-Marmelade über den Tortenboden streichen, halbierte Bananen darauf verteilen.

Sahne, Vanillezucker, Sahnesteif schlagen, nun die zuvor im Wasserbad geschmolzene, abgekühlte Schokolade unter Rühren langsam zufügen. Schokosahne über die Bananen geben, mit Schokostreusel verzieren, kaltstellen.

APRIKOSEN-KUCHEN

Zutaten:

Teig:
250 g Mehl
1 Teelöffel Backpulver
125 g Zucker
1 Päckchen Vanillezucker
1 Ei
150 g Butter

Belag:
1 Dose Aprikosen
1 Päckchen Vanille-Puddingpulver

Guss:
3 Eigelb
90 g Zucker
1 Becher Crème fraîche
3 Eiweiß

Zubereitung:

Aus den Teigzutaten einen Mürbteig herstellen. Den Teig auswellen, in eine gefettete Springform legen, abgetropfte Aprikosen darauf verteilen. Aprikosensaft mit Wasser zu einem $^{1}/_{2}$ l auffüllen und daraus einen Pudding nach Packungsanweisung kochen, noch heiß über die Früchte streichen. Im vorgeheizten Backofen bei 180 Grad ca. 35 Minuten backen. Für den Guss Eigelb und Zucker schaumig schlagen, Crème fraîche einrühren und das steif geschlagene Eiweiß unterziehen. Die Masse auf dem vorgebackenen Kuchen verteilen, weitere 25 Minuten backen.

APFEL-MANDEL-KUCHEN

Zutaten:
4 große mürbe Äpfel
100 g Zucker

Teig:
200 g Butter
100 g Zucker
1 Päckchen Vanillezucker
4 Eier
150 g Mehl
50 g Speisestärke
1 Teelöffel Backpulver
1 Teelöffel Zimt
2 Esslöffel Kakao
125 g gemahlene Mandeln
5 Esslöffel Milch

Guss:
200 g Puderzucker
1 Päckchen Vanillezucker
3 Esslöffel lauwarmes Wasser
gehobelte Mandeln

Zubereitung:
Apfelwürfelchen mit Zucker vermischen, ca. 1 Stunde durchziehen lassen. Alle Teigzutaten zu einem Rührteig verarbeiten, zum Schluss die Äpfel unterheben. Den Teig in eine gefettete mit Semmelbrösel ausgestreute Springform füllen. Im vorgeheizten Backofen bei 175 Grad ca. 60 Minuten backen. Für den Guss Puderzucker, Vanillezucker, Wasser verrühren, über den abgekühlten Kuchen geben, Mandeln darauf verteilen.

MÖHREN-KUCHEN

Zutaten:
5 Eigelb
250 g Zucker
1 Päckchen Vanillezucker
1 Teelöffel Zimt
100 ml lauwarmes Wasser
50 g Speisestärke
1/2 Päckchen Backpulver
120 g gemahlener Zwieback
250 g geriebene Möhren
5 Eiweiß

Zubereitung:
Eigelb, Zucker, Vanillezucker, Zimt, Wasser schaumig schlagen. Speisestärke, Backpulver, Zwieback, Möhren langsam einrühren. Das steif geschlagene Eiweiß unterheben. Die Masse in eine gefettete mit Semmelbrösel ausgestreute Springform geben und im vorgeheizten Backofen bei 175 Grad ca. 55 Minuten backen. Den Möhren-Kuchen nach Belieben mit geschmolzener Kuvertüre überziehen oder Puderzucker darüber stäuben.

PIZZA-BRÖTCHEN

Zutaten:
200 g Schinken
200 g Salami
200 g Paprika (im Glas)
200 g Pilze (im Glas)
200 g geriebener Käse
200 g süße Sahne
etwas Salz, Paprika,
Pizzagewürz
10 Brötchen

Zubereitung:
Schinken, Salami, Paprika und Pilze klein schneiden, Käse, Sahne untermischen, mit den Gewürzen abschmecken. Die Masse auf den halbierten Brötchen gleichmäßig verteilen. Im vorgeheizten Backofen bei 175 Grad ca. 15 Minuten überbacken.

KÄSE-STANGEN

Zutaten:
400 g Mehl
1 Teelöffel Backpulver
1 Teelöffel Salz
1 Becher Crème fraîche
200 g Butter
150 g geriebener Käse

Zubereitung:
Aus den Teigzutaten einen Mürbteig herstellen, zum Schluss den Käse unterkneten. Den Teig auf einer bemehlten Arbeitsfläche ca. ½ cm dick auswellen, mit einem Backrädchen Streifen schneiden (etwa 1 1/2 cm breit, 8 cm lang) und auf ein mit Back-Trennpapier ausgelegtes Backblech setzen. Im vorgeheizten Backofen bei 200 Grad ca. 20 Minuten backen.

KÄSE-CHIPS

Zutaten:

125 g Mehl
1 Messerspitze Backpulver
1 Messerspitze Salz
1 Ei
50 g Butter
50 g geriebener Käse
1 Esslöffel saure Sahne

Zubereitung:

Aus den Zutaten einen Mürbteig herstellen. Den Teig in eine Rolle von ca. 5 cm formen, etwa $^1/_2$ Stunde tiefkühlen. Aus der Teigrolle ca. 2 mm dicke Scheiben schneiden, auf ein mit Back-Trennpapier ausgelegtes Backblech setzen. Im vorgeheizten Backofen bei 175 Grad ca. 10 Minuten backen.

KÄSE-PLÄTZCHEN

Zutaten:

Teig:

250 g Mehl

1 Teelöffel Backpulver

1 Ei

200 g Butter

180 g geriebener Käse

etwas Pfeffer, Muskat, Paprika

1 Eigelb

gehackte Pistazien, Mohn, Kümmel, Sesam

Ausstecherförmchen

Zubereitung:

Aus den Teigzutaten einen Mürbteig herstellen. Den Teig auf einer bemehlten Arbeitsfläche ca. $^1/_2$ cm dick auswellen, Plätzchen ausstechen und auf ein mit Back-Trennpapier ausgelegtes Backblech setzen. Eigelb mit etwas Wasser zerschlagen, über die Plätzchen streichen, beliebig verzieren. Im vorgeheizten Backofen bei 200 Grad ca. 15 Minuten backen.

ZWERGENZAUBERERS-KIRSCHKUCHEN

Zutaten:

125 g Butter
250 g Zucker
1 Päckchen Vanillezucker
4 Eier
125 g Mehl
1/2 Päckchen Backpulver
125 g gemahlene Haselnüsse
1 Teelöffel Zimt
100 g geraspelte Schokolade
1 Glas Kirschen

Zubereitung:

Alle Teigzutaten zu einem Rührteig verarbeiten, zum Schluss die Schokolade unterziehen. Den Teig in eine gefettete mit Semmelbrösel ausgestreute Springform füllen, abgetropfte Kirschen gleichmäßig darüber verteilen. Im vorgeheizten Backofen bei 175 Grad ca. 45 Minuten backen.

20 Jahre
Zwergenstübchen

Zwergenstübchen

Feine Waffeln - Tolle Muffins

Dieses Zwergenstübchen Buch ist gefüllt mit vielen leckeren Waffel-Rezepten, feinen Küchlein und Törtchen. Die Zwerge sind bereits fleißig am Waffeln backen und im ganzen Zwergenhaus duftet es köstlich nach den süßen und pikanten Waffeln.

Elke und Timo Schuster

Quark-Waffeln aus dem Zwergenstübchen

Zutaten:

200 g Quark, 100 g Butter, 75 g Zucker, 1 Päckchen Vanillezucker, 3 Eigelb, 200 g Mehl, 1/2 Teelöffel Backpulver, 150 ml Milch, 3 Eiweiß

Zubereitung:

Quark und die zerlassene, leicht abgekühlte Butter verrühren. Zucker, Vanillezucker, Eigelb zufügen, cremig rühren. Abwechselnd das mit Backpulver vermischte Mehl und die Milch einrühren, den Eischnee unterziehen. Im vorgeheizten Waffeleisen die Waffeln goldgelb backen.

MÖHREN-WAFFELN

Zutaten:

100 g Butter

100 g Zucker

1 Päckchen Vanillezucker

5 Eier

100 g gemahlene Haselnüsse

150 g Mehl

1 Teelöffel Backpulver

300 g Möhren

Zubereitung:

Butter schaumig schlagen. Abwechselnd Zucker, Vanillezucker, Eier zufügen und zu einer cremigen Masse rühren. Nacheinander Haselnüsse, das mit Backpulver vermischte Mehl sowie die feingeriebenen Möhren löffelweise einrühren. In das vorgeheizte Waffeleisen jeweils einen Schöpflöffel Teig geben, die Waffeln hellbraun backen. Nach Belieben können die Möhren-Waffeln mit Puderzucker oder steifgeschlagener Sahne und kleinen Marzipan-Möhren verziert werden.

SAFT-WAFFELN

Zutaten:
65 g Butter
50 g Zucker
5 Eigelb
160 g Mehl
1 Messerspitze Backpulver
1 Esslöffel Sahne
$^1/_8$ l Fruchtsaft
5 Eiweiß

Zubereitung:
Butter schaumig schlagen. Abwechselnd Zucker und Eigelb dazugeben, cremig rühren. Nacheinander das mit Backpulver vermischte Mehl, Sahne und Fruchtsaft einrühren, steifgeschlagenes Eiweiß unterziehen. Im vorgeheizten Waffeleisen die Saft-Waffeln hellbraun backen.

SAHNE-WAFFELN

Zutaten:
125 g Butter
70 g Zucker
1 Päckchen Vanillezucker
4 Eigelb
200 g Mehl
1 Messerspitze Backpulver
1 1/2 Becher saure Sahne
1 Esslöffel süße Sahne
4 Eiweiß

Zubereitung:
Butter schaumig schlagen. Abwechselnd Zucker, Vanillezucker, Eigelb zufügen, cremig rühren. Nacheinander Mehl mit Backpulver vermischt, saure und süße Sahne einrühren, das steifgeschlagene Eiweiß unterziehen. Im vorgeheizten Waffeleisen die Waffeln hellbraun backen, anschließend Puderzucker darüber geben oder mit steifgeschlagener Sahne verzieren. Zu den Sahne-Waffeln schmeckt besonders gut diese Zwergen-Leckerei: 1 Becher Crème fraîche, 2 Esslöffel Zucker, 1 Päckchen Vanillezucker verrühren und gekühlt servieren.

BUTTER-WAFFELN

Zutaten:
4 Eier
100 g Zucker
1 Päckchen Vanillezucker
250 g Mehl
1 Teelöffel Backpulver
1/8 l süße Sahne
1/8 l Mineralwasser
200 g Butter

Zubereitung:
Eier, Zucker, Vanillezucker verquirlen. Nacheinander das mit Backpulver vermischte Mehl sowie Sahne und Mineralwasser einrühren. Die zuvor geschmolzene, leicht abgekühlte Butter unterziehen. Im vorgeheizten Waffeleisen die Butter-Waffeln hellbraun backen.

JOGHURT-WAFFELN

Zutaten:
100 g Butter
100 g Zucker
1 Päckchen Vanillezucker
2 Eier
250 g Mehl
100 g Naturjoghurt
$^{1}/_{8}$ l Milch
$^{1}/_{2}$ Würfel Hefe

Zubereitung:
Butter schaumig schlagen. Abwechselnd Zucker, Vanillezucker, Eier zufügen, cremig rühren. Danach Mehl, Joghurt sowie die zuvor in lauwarmer Milch aufgelöste Hefe einrühren. Den Teig so lange abschlagen bis er Blasen wirft und sich von der Schüssel löst. Diesen mit Mehl bestäuben, zugedeckt ca. 30 Minuten gehen lassen.

Anschließend im vorgeheizten Waffeleisen die Joghurt-Waffeln hellbraun backen. Ein leckeres Dessert aus der Zwergenküche ist folgende Joghurt-Creme: 1 Becher Natur- oder Fruchtjoghurt, 80 g Zucker (beim Fruchtjoghurt etwas weniger), je 1 Päckchen Vanillezucker und Sahnesteif verrühren. 1 Becher süße Sahne mit 1 Päckchen Sahnesteif schlagen, zu der Joghurt-Creme geben, alles gut vermischen und nach dem Kaltstellen zu den Waffeln reichen.

Rosinen-Waffeln

Zutaten:

180 g Butter, 100 g Zucker, 4 Eigelb, 150 g Mehl, 1/2 Teelöffel Backpulver, 80 g gemahlene Mandeln, 80 g Rosinen, 1 Teelöffel Zimt, 1/4 l Mineralwasser, 4 Eiweiß

Zubereitung:

Butter schaumig schlagen. Abwechselnd Zucker und Eigelb dazugeben, cremig rühren. Nun nacheinander das mit Backpulver vermischte Mehl, Mandeln, Rosinen, Zimt und Mineralwasser einrühren, anschließend den Eischnee unterziehen. Im vorgeheizten Waffeleisen die Rosinen-Waffeln hellbraun backen.

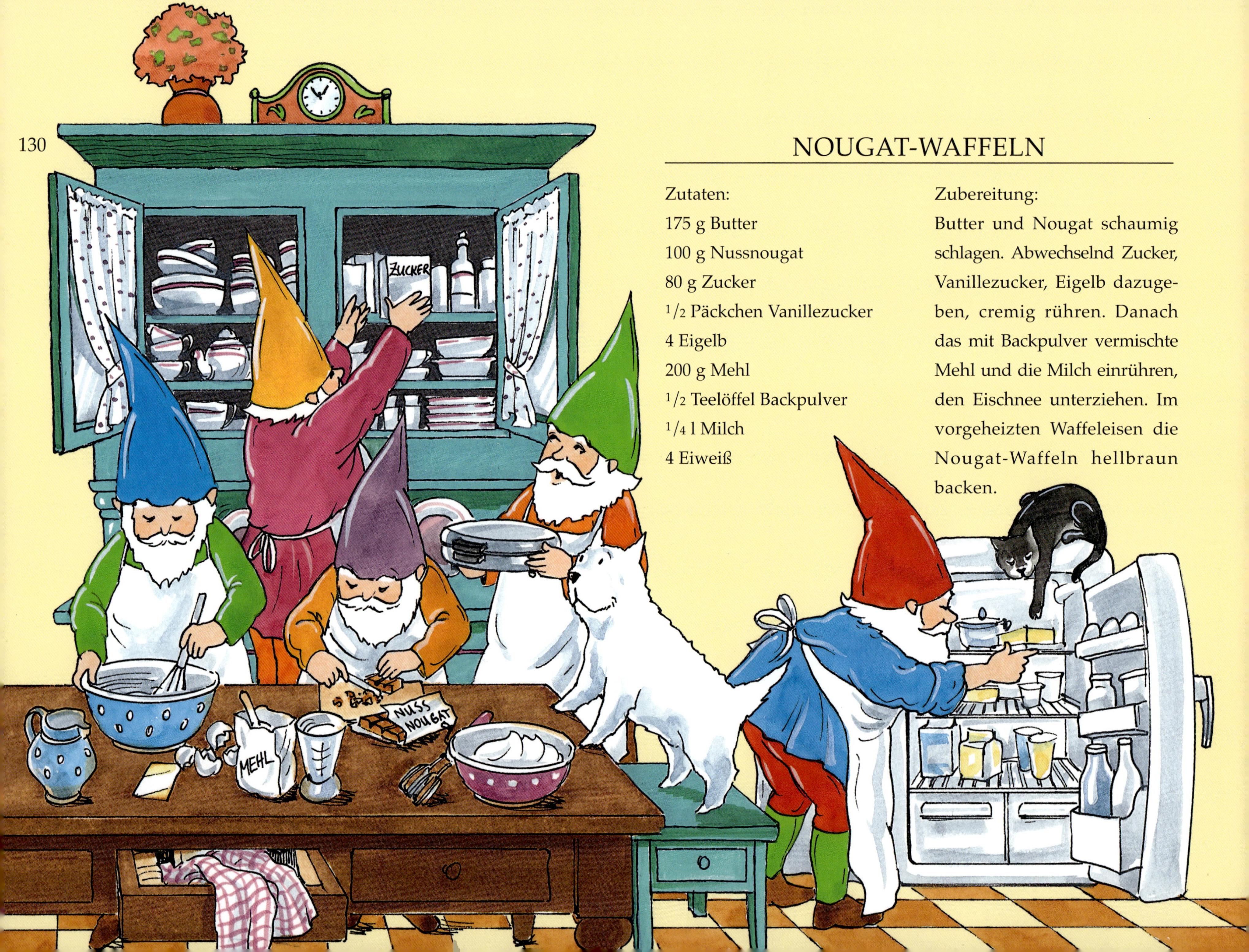

NOUGAT-WAFFELN

Zutaten:

175 g Butter
100 g Nussnougat
80 g Zucker
1/2 Päckchen Vanillezucker
4 Eigelb
200 g Mehl
1/2 Teelöffel Backpulver
1/4 l Milch
4 Eiweiß

Zubereitung:

Butter und Nougat schaumig schlagen. Abwechselnd Zucker, Vanillezucker, Eigelb dazugeben, cremig rühren. Danach das mit Backpulver vermischte Mehl und die Milch einrühren, den Eischnee unterziehen. Im vorgeheizten Waffeleisen die Nougat-Waffeln hellbraun backen.

SCHOKO-WAFFELN

Zutaten:
170 g Butter
70 g Zucker
3 Eigelb
180 g Mehl
1/2 Teelöffel Backpulver
50 g geriebene Schokolade
1/2 Becher süße Sahne
1/8 l Mineralwasser
3 Eiweiß

Zubereitung:
Butter schaumig schlagen. Abwechselnd Zucker und Eigelb zufügen, cremig rühren. Nacheinander das mit Backpulver vermischte Mehl, Schokolade, Sahne und Mineralwasser dazugeben, alles gut verrühren, anschließend den Eischnee unterziehen. Im vorgeheizten Waffeleisen die Waffeln hellbraun backen.

Schmand-Waffeln

Zutaten:

150 g Butter, 150 g Zucker, 1 Päckchen Vanillezucker, 4 Eier,
100 g Mehl, 100 g Speisestärke, 1/2 Teelöffel Backpulver, 150 g Schmand

Zubereitung:

Zuerst Butter schmelzen, danach abkühlen lassen. Abwechselnd Zucker, Vanillezucker, Eier zufügen und schaumig schlagen. Anschließend das mit Backpulver und Speisestärke vermischte Mehl sowie den Schmand einrühren. Im vorgeheizten Waffeleisen die Waffeln hellbraun backen.

GEWÜRZ-WAFFELN

Zutaten:
150 g Butter
5 Esslöffel Honig
3 Eigelb
125 g Mehl
1/2 Teelöffel Backpulver
125 g gemahlene Mandeln
1/2 Teelöffel Zimt
1 Messerspitze Nelken
3 Esslöffel Crème fraîche
1/8 l Mineralwasser
3 Eiweiß

Zubereitung:
Butter schaumig schlagen. Honig und Eigelb zufügen, gut mitrühren. Mehl, Backpulver, Mandeln, Zimt, Nelken vermischen, zu der Buttermasse geben, mit Crème fraîche und Mineralwasser in den Teig einrühren, ca. 30 Minuten quellen lassen.

Anschließend das steifgeschlagene Eiweiß unterziehen. Im vorgeheizten Waffeleisen die Waffeln hellbraun backen.
Die Zwerge backen diese Waffeln besonders gerne in der Advents- und Weihnachtszeit. Die Gewürz-Zutaten werden bei den weihnachtlichen Waffeln noch um einen Teelöffel Lebkuchengewürz ergänzt.

WAFFEL-HERZEN

Zutaten:

Teig:

250 g Mehl

1/2 Würfel Hefe

100 g Zucker

1 Päckchen Vanillezucker

3 Eier

100 g Butter

1/4 l Milch

Belag:

2 Becher süße Sahne

2 Esslöffel Zucker

2 Päckchen Vanillezucker

2 Päckchen Sahnesteif

Zubereitung:

Aus den Teigzutaten einen leicht flüssigen Hefeteig herstellen.

Zuerst Mehl in eine Schüssel sieben, danach in die Mitte eine Mulde drücken, Hefe hinein bröckeln, ein wenig Zucker zufügen und mit etwas lauwarmer Milch glatt rühren. Mehl darüber stäuben und die Schüssel mit einem Geschirrtuch abdecken. Den Teig ca. 15 Minuten gehen lassen.

Zucker, Vanillezucker, Eier, weiche Butter, Milch dazugeben, zu einem glatten Teig verarbeiten. Diesen so lange abschlagen bis er Blasen wirft, sich von der Schüssel löst und glänzt. Den Teig zugedeckt bei Zimmertemperatur ca. 1 Stunde gehen lassen. Anschließend im vorgeheizten Waffeleisen die Waffeln hellbraun backen. Nach dem Abkühlen alle Waffeln in einzelne Herzen trennen. Nun Sahne, Zucker, Vanillezucker, Sahnesteif schlagen. Auf die Hälfte der Waffel-Herzen Sahne spritzen, diese mit jeweils einem Waffel-Herz abdecken. Zum Schluss entweder Sahneverzierungen anbringen oder Puderzucker darüber stäuben.

KOKOS-WAFFELN

Zutaten:

180 g Butter
100 g Zucker
1 Päckchen Vanillezucker
4 Eier
100 g Mehl
$^{1}/_{2}$ Teelöffel Backpulver
100 g Kokosraspel
1 Becher süße Sahne

Zubereitung:

Butter schaumig schlagen. Abwechselnd Zucker, Vanillezucker, Eier zufügen, cremig rühren. Nach und nach das mit Backpulver und Kokosraspel vermischte Mehl sowie die Sahne zu der Masse geben, alles gut verrühren. Im vorgeheizten Waffeleisen die Waffeln hellbraun backen.

NUSS-WAFFELN

Zutaten:

125 g Butter
100 g Nuss-Nougat-Creme
100 g Zucker
1 Päckchen Vanillezucker
3 Eier
100 g Mehl
1 Teelöffel Backpulver
100 g gemahlene Haselnüsse
75 ml Milch

Zubereitung:

Butter und Nuss-Nougat-Creme schaumig schlagen. Danach abwechselnd Zucker, Vanillezucker, Eier zufügen, cremig rühren. Nun das mit Backpulver und Haselnüsse vermischte Mehl sowie die Milch einrühren. Im vorgeheizten Waffeleisen die Waffeln hellbraun backen.

GEFÜLLTE WAFFELN

Zutaten:

Teig:

175 g Butter
125 g Zucker
3 Eigelb
125 g Mehl
1 Teelöffel Backpulver
100 g Haferflocken
1 Teelöffel Zimt
1/2 Becher Schmand
1/4 l Milch
3 Eiweiß

Creme:

200 g Frischkäse
2 Esslöffel Zucker
1 Päckchen Vanillezucker
3 Esslöffel Aprikosen-Marmelade
2 Esslöffel Schmand

Zubereitung:

Butter schaumig schlagen. Abwechselnd Zucker und Eigelb zufügen, cremig rühren. Mehl, Backpulver, Haferflocken, Zimt vermischen, zu der Buttermasse geben, mit Schmand und Milch in den Teig einrühren, ca. 30 Minuten quellen lassen, danach den Eischnee unterziehen. Im vorgeheizten Waffeleisen die Waffeln hellbraun backen. Für die Creme alle Zutaten gut verrühren, kaltstellen. Auf die Hälfte der abgekühlten Waffeln Frischkäse-Creme spritzen, darüber jeweils eine Waffel legen, nach Belieben mit Puderzucker bestäuben.

Ingwer-Waffeln

Zutaten:

150 g Butter, 125 g Zucker, 1 Teelöffel Ingwer, 3 Eier, 225 g Mehl, 1 Messerspitze Backpulver, 1/4 l Fruchtsaft

Zubereitung:

Butter schaumig schlagen. Abwechselnd Zucker, Ingwer, Eier dazugeben, cremig rühren. Anschließend das mit Backpulver vermischte Mehl sowie den Fruchtsaft einrühren. Im vorgeheizten Waffeleisen die Waffeln hellbraun backen.

BANANEN-WAFFELN

Zutaten:

125 g Butter
4 Eier
125 g Zucker
1 Päckchen Vanillezucker
1/8 l Mineralwasser
3 Bananen
Saft einer Zitrone
125 g Mehl
1/2 Teelöffel Backpulver
125 g gemahlene Mandeln

Zubereitung:

Zerlassene, abgekühlte Butter, Eier, Zucker, Vanillezucker und Mineralwasser verquirlen. Nun die pürierten Bananen sowie den Zitronensaft einrühren, anschließend das mit Backpulver und Mandeln vermischte Mehl unterrühren. Danach den Teig ca. 30 Minuten quellen lassen. Im vorgeheizten Waffeleisen die Waffeln hellbraun backen.

BISKUIT-WAFFELN

Zutaten:

6 Eigelb
150 g Zucker
1 Päckchen Vanillezucker
1/2 Becher süße Sahne
70 g Mehl
50 g Speisestärke
1 Messerspitze Backpulver
6 Eiweiß

Zubereitung:

Eigelb schaumig schlagen, löffelweise Zucker, Vanillezucker zufügen und zu einer cremigen Masse rühren. Nun abwechselnd Sahne sowie das mit Backpulver und Speisestärke vermischte Mehl einrühren, den Eischnee unterziehen. Im vorgeheizten Waffeleisen die Waffeln hellbraun backen.

GELEE-WAFFELN

Zutaten:

150 g Butter
80 g Zucker
3 Eier
125 g Mehl
125 g Speisestärke
1/2 Teelöffel Backpulver
4 Esslöffel Gelee
1 Becher Schmand

Zubereitung:

Butter schaumig schlagen. Abwechselnd Zucker, Eier zufügen, cremig rühren. Nacheinander das mit Backpulver und Speisestärke vermischte Mehl sowie Gelee und Schmand zu der Masse geben, alles gut verrühren. Im vorgeheizten Waffeleisen die Waffeln hellbraun backen.

MOHN-WAFFELN

Zutaten:

100 g Butter
80 g Zucker
1 Päckchen Vanillezucker
4 Eier
50 g gemahlener Mohn
1 Teelöffel Zimt
200 g Mehl
1/4 Teelöffel Backpulver
1 Becher süße Sahne

Zubereitung:

Butter schaumig schlagen. Abwechselnd Zucker, Vanillezucker, Eier zufügen, gut mitrühren. Nacheinander Mohn, Zimt und das mit Backpulver vermischte Mehl sowie die Sahne einrühren. Im vorgeheizten Waffeleisen die Waffeln hellbraun backen.

HAFERFLOCKEN-WAFFELN

Zutaten:

180 g Haferflocken
350 ml Milch
100 g Zucker
etwas Zimt
150 g Butter
4 Eigelb
4 Eiweiß

Zubereitung:

Die mit Milch vermischten Haferflocken ca. 2 Stunden quellen lassen. Danach Zucker, Zimt sowie zerlassene Butter und Eigelb zu den Haferflocken geben, alles gut verrühren. Anschließend das steifgeschlagene Eiweiß unterziehen. Nun im vorgeheizten Waffeleisen die Waffeln hellbraun backen.

ROSEN-WAFFELN

Zutaten:

125 g Butter

125 g Marzipan-Rohmasse

80 g Zucker

3 Eier

100 g Mehl

100 g Speisestärke

1/2 Teelöffel Backpulver

1 Becher süße Sahne

3 Esslöffel Rosenwasser

3 Esslöffel Mineralwasser

Zubereitung:
Butter und den zerkleinerten Marzipan schaumig schlagen. Abwechselnd Zucker, Eier zufügen, zu einer cremigen Masse rühren. Nacheinander das mit Backpulver und Speisestärke vermischte Mehl sowie Sahne, Rosen- und Mineralwasser einrühren. Im vorgeheizten Waffeleisen die Waffeln hellbraun backen.

APFEL-WAFFELN

Zutaten:
180 g Butter
80 g Zucker
4 Eigelb
225 g Mehl
1 Teelöffel Backpulver
1 Teelöffel Zimt
4 Esslöffel Apfelmus
1/8 l Milch
4 Eiweiß

Zubereitung:
Butter schaumig schlagen. Abwechselnd Zucker, Eigelb zufügen, cremig rühren. Nacheinander das mit Backpulver und Zimt vermischte Mehl, sowie Apfelmus und Milch einrühren. Das steifgeschlagene Eiweiß unterziehen. Nun im vorgeheizten Waffeleisen die Waffeln hellbraun backen.

ORANGEN-WAFFELN

Zutaten:
125 g Butter
100 g Zucker
3 Eier
125 g Mehl
1/2 Teelöffel Backpulver
125 g gemahlene Mandeln
Saft einer Orange
4 Esslöffel Dosenmilch

Creme:
1/2 Päckchen Sahne-puddingpulver
2 Esslöffel Zucker
Saft einer Orange
1 Becher süße Sahne
1/2 Esslöffel Zucker
1/2 Päckchen Sahnesteif

Zubereitung:
Zuerst die Orangencreme zubereiten. Puddingpulver, Zucker mit Orangensaft glatt rühren und in die Hälfte der kochenden Sahne einrühren, kurz aufkochen lassen, kaltstellen. Nun restliche Sahne, Zucker, Sahnesteif schlagen, unter den Pudding ziehen. Für die Waffeln Butter schaumig schlagen, abwechselnd Zucker, Eier zufügen, cremig rühren. Das mit Backpulver vermischte Mehl, Mandeln, Orangensaft und Dosenmilch dazugeben, alles gut verrühren. Im vorgeheizten Waffeleisen die Waffeln hellbraun backen. Auf die Hälfte der abgekühlten Waffeln Orangencreme streichen, darüber jeweils eine Waffel legen. Die Orangen-Waffeln können auch mit steifgeschlagener Sahne gefüllt werden.

FEINE WAFFELN

Zutaten:
6 Eier
100 g Zucker
1 Päckchen Vanillezucker
200 g Mehl
1 Messerspitze Backpulver
170 g Butter
1 Becher süße Sahne

Zubereitung:
Eier, Zucker, Vanillezucker schaumig schlagen. Löffelweise das mit Backpulver vermischte Mehl sowie zerlassene Butter und heiße Sahne zufügen, alles gut verrühren. Im vorgeheizten Waffeleisen die Waffeln hellbraun backen. Nach dem Auskühlen über diese Puderzucker stäuben oder mit Sahneverzierungen und Zuckerstreusel dekorieren.

WAFFEL-KEKSE

Zutaten:
300 g Mehl
100 g Zucker
1 Päckchen Vanillezucker
4 Eigelb
175 g Butter

Nuss-Nougat-Creme
oder Gelee

runde Ausstecherform
ca. 5 cm Ø

Zubereitung:
Das Mehl auf eine Arbeitsfläche sieben. In die Mitte eine Vertiefung drücken, Zucker, Vanillezucker und Eigelb hinein geben, mit etwas Mehl verrühren. Auf den Mehlrand die kalte, kleingeschnittene Butter legen, alles zu einem glatten Teig kneten, zugedeckt 1 Stunde kaltstellen. Anschließend den Teig auf einer bemehlten Arbeitsfläche ca. 3 mm dick auswellen, runde Plätzchen ausstechen, diese im vorgeheizten Waffeleisen hellbraun backen. Die Waffel-Kekse heraus nehmen und auskühlen lassen. Nun auf jeweils einen Keks Nuss-Nougat-Creme oder Gelee streichen, mit einem anderen abdecken und nach Belieben verzieren.

ZUCCHINI-WAFFELN

Zutaten:

125 g Butter
4 Eier
250 g Mehl
1 Teelöffel Backpulver
etwas Salz und Paprika
1/4 l Buttermilch
1 kleine Zucchini

Zubereitung:

Butter schaumig schlagen. Abwechselnd Eier und das mit Backpulver, Salz, Paprika vermischte Mehl sowie die Buttermilch einrühren, anschließend geraspelte Zucchini unterziehen. Im vorgeheizten Waffeleisen die Waffeln goldgelb backen.

HACKFLEISCH-WAFFELN

Zutaten:

1 Zwiebel
etwas Öl
150 g Hackfleisch
etwas Salz, Paprika
und Majoran
3 Eigelb
200 ml Mineralwasser
200 g Mehl
1 Teelöffel Backpulver
3 Eiweiß

Zubereitung:

Feingehackte Zwiebel in heißem Öl glasig dünsten. Danach Hackfleisch, Gewürze zufügen und gut anbraten. Nun Eigelb, Mineralwasser verquirlen, löffelweise das mit Backpulver vermischte Mehl sowie das abgekühlte Hackfleisch einrühren, anschließend den Eischnee unterziehen. Im vorgeheizten Waffeleisen die Waffeln hellbraun backen.

OLIVEN-WAFFELN

Zutaten:
250 g Mehl
100 g Butter
3 Eier
etwas Salz, Pfeffer
und Oregano
1/2 Päckchen Trockenhefe
1/2 rote Paprikaschote
50 g Austernpilze
etwas Olivenöl
8 Oliven
10 g Parmesan-Käse

Zubereitung:

Mehl, Butterstückchen, Eier und Gewürze verkneten. Anschließend die zuvor nach Packungsanweisung angerührte Hefe zufügen und zu einem glatten Teig verarbeiten. Diesen mit einem Tuch abdecken, ca. 15 Minuten gehen lassen.

Währenddessen Paprika, Austernpilze klein schneiden, in heißem Öl andünsten, abgekühlt mit zerkleinerten Oliven und Parmesan-Käse zu dem Teig geben, alles gut vermischen. Im vorgeheizten Waffeleisen die Waffeln goldgelb backen.

ÜBERBACKENE WAFFELN

Zutaten:

125 g Kräuterbutter
3 Eigelb
etwas Kräutersalz
150 g Mehl
1/2 Teelöffel Backpulver
150 ml Milch
3 Eiweiß
100 g geriebener Hartkäse

Zubereitung:

Kräuterbutter schaumig schlagen. Nach und nach Eigelb sowie Kräutersalz zufügen, cremig rühren. Abwechselnd das mit Backpulver vermischte Mehl und die Milch einrühren, anschließend den Eischnee unterziehen. Im vorgeheizten Waffeleisen die Waffeln goldgelb backen. Nun über die abgekühlten Waffeln den geriebenen Käse streuen. Diese auf ein mit Back-Trennpapier ausgelegtes Backblech geben und im vorgeheizten Backofen bei 180 Grad ca. 8 Minuten überbacken.

Schinken-Waffeln

Zutaten:
250 g Mehl, 1 Messerspitze Backpulver,
200 ml Milch, 1 Becher Crème fraîche,
1/2 Becher Schmand, 3 Eigelb, etwas Salz,
50 g Schinken, 3 Eiweiß

Zubereitung:
Das mit Backpulver vermischte Mehl sowie Milch, Crème fraîche, Schmand, Eigelb und Salz zu einem glatten Teig verrühren. Nun den kleingeschnittenen Schinken zufügen, anschließend das steifgeschlagene Eiweiß unterziehen. Im vorgeheizten Waffeleisen die Waffeln goldgelb backen.

Käse-Waffeln

Zutaten:

175 g Butter, 4 Eier, 250 g Mehl, 1/2 Teelöffel Backpulver, etwas Salz und Paprika, 40 g Parmesan-Käse, 80 g geriebener Hartkäse, 1/8 l Mineralwasser

Zubereitung:

Butter schaumig schlagen. Anschließend unter Rühren abwechselnd die Eier, das mit Backpulver, Salz, Paprika vermischte Mehl, den Parmesan- und Hartkäse sowie das Mineralwasser zufügen. Im vorgeheizten Waffeleisen die Waffeln goldgelb backen.

KRÄUTER-WAFFELN

Zutaten:
175 g Butter
3 Eier
200 g Mehl
$^{1}/_{2}$ Teelöffel Backpulver
etwas Salz
$^{1}/_{8}$ l Milch
$^{1}/_{4}$ Bund Schnittlauch
$^{1}/_{2}$ Bund Petersilie
1 Esslöffel feingehackte Majoranblättchen

Zubereitung:
Butter schaumig schlagen. Unter Rühren abwechselnd Eier, das mit Backpulver und Salz vermischte Mehl sowie die Milch zufügen. Schnittlauchröllchen, feingehackte Petersilie und Majoran unter den Teig ziehen. Im vorgeheizten Waffeleisen die Waffeln goldgelb backen.

FRISCHKÄSE-WAFFELN

Zutaten:

150 g Butter
150 g Kräuter-Frischkäse
3 Eigelb
200 g Mehl
1/2 Teelöffel Backpulver
etwas Kräutersalz
1/2 Becher Schmand
1/8 l Mineralwasser
3 Eiweiß

Zubereitung:

Butter schaumig schlagen. Frischkäse und Eigelb dazugeben, gut mitrühren. Nacheinander das mit Backpulver und Kräutersalz vermischte Mehl, den Schmand sowie Mineralwasser einrühren. Anschließend steifgeschlagenes Eiweiß unterziehen. Im vorgeheizten Waffeleisen die Waffeln goldgelb backen.

PIZZA-WAFFELN

Zutaten:
125 g Butter
3 Eigelb
200 g Mehl
1/2 Teelöffel Backpulver
etwas Salz und Basilikum
300 ml Buttermilch
3 Eiweiß

Belag:
Nach Belieben
z.B. Paprikaschote,
Schinken, Salami,
Cocktailwürstchen,
Oliven, Thunfisch,
Champignons,
geriebener Hartkäse

Zubereitung:
Butter schaumig schlagen. Nacheinander Eigelb zufügen, cremig rühren. Abwechselnd das mit Backpulver, Salz, Basilikum vermischte Mehl und die Buttermilch einrühren, anschließend den Eischnee unterziehen.

Im vorgeheizten Waffeleisen die Waffeln goldgelb backen, abkühlen lassen und verschiedene Belagzutaten darüber verteilen. Nun die Waffeln auf ein mit Back-Trennpapier ausgelegtes Backblech geben. Im vorgeheizten Backofen bei 180 Grad ca. 10 Minuten überbacken.

PONYHOF
PONYHOF

FRISCHKÄSE-SCHOKO-MUFFINS

Zutaten:

Teig:

125 g Butter
100 g Zucker
3 Eigelb
100 g Schokolade
200 g Mehl
1 Teelöffel Backpulver
75 ml Milch
3 Eiweiß

Creme:

100 g Frischkäse
1 Esslöffel Zucker
1 Esslöffel Naturjoghurt
50 g weiße Schokolade

Zubereitung:

Butter schaumig schlagen. Abwechselnd Zucker, Eigelb sowie die geschmolzene, abgekühlte Schokolade zufügen, cremig rühren. Anschließend das mit Backpulver vermischte Mehl und die Milch einrühren, steifgeschlagenes Eiweiß unterziehen. Den Teig in Muffin-Förmchen füllen.

Im vorgeheizten Backofen bei 175 Grad ca. 25 Minuten backen. Für die Creme Frischkäse, Zucker, Joghurt gut verrühren, geschmolzene, abgekühlte Schokolade unterziehen und auf die ausgekühlten Muffins spritzen. Vor dem Servieren kaltstellen.

PONYHOF-MUFFINS

Zutaten:

2 Eier

3 Esslöffel Öl

250 g Apfelmus

150 g Mehl

1/2 Päckchen Backpulver

100 g gemahlene Mandeln

150 g Zucker

150 g geraspelte Schokolade

Zubereitung:

Eier, Öl und Apfelmus verquirlen, danach löffelweise unter Rühren das mit Backpulver, Mandeln, Zucker, Schokolade vermischte Mehl zufügen. Nun den Teig in Muffin-Förmchen füllen und im vorgeheizten Backofen bei 180 Grad ca. 25 Minuten backen.

KÖSTLICHE APRIKOSEN-TÖRTCHEN

Zutaten:
130 g Butter
4 Esslöffel Honig
2 Eier
150 g Mehl
1/2 Päckchen Backpulver
100 g feine Haferflocken
1/2 Teelöffel Zimt
1 Messerspitze Nelken
1 Päckchen Vanillezucker
100 ml Aprikosensaft
(Saft der abgetropften Aprikosen)
1 Dose Aprikosen
1/2 Becher süße Sahne
1/2 Päckchen Vanillezucker
1/2 Päckchen Sahnesteif

Zubereitung:
Butter schaumig schlagen. Abwechselnd Honig und Eier zufügen, cremig rühren. Löffelweise das mit Backpulver, Haferflocken und Gewürzen vermischte Mehl sowie Aprikosensaft einrühren. Nun ca. 150 g gut abgetropfte Aprikosen pürieren, anschließend unter den Teig ziehen. Diesen etwa 30 Minuten quellen lassen, danach in Muffin-Förmchen füllen. Im vorgeheizten Backofen bei 180 Grad ca. 30 Minuten backen. Die ausgekühlten Törtchen mit jeweils einer Aprikosenhälfte und steifgeschlagener Sahne verzieren.

ZWERGEN-HOLIDAY-MUFFINS

Zutaten:
200 g Butter
200 g Zucker
1 Päckchen Vanillezucker
2 Eier
200 g Mehl
1/2 Päckchen Backpulver
1 Esslöffel Kakao
etwas Milch

Zubereitung:
Butter schaumig schlagen. Abwechselnd Zucker, Vanillezucker und Eier zufügen, cremig rühren. Das mit Backpulver vermischte Mehl untermengen. Nun Kakao und Milch gut verquirlen, anschließend in ein Drittel des hellen Teiges einrühren.

Danach in jedes Muffin-Förmchen etwas hellen Teig füllen, darüber dunklen Teig geben, diesen mit einer Gabel leicht durchziehen. Im vorgeheizten Backofen bei 180 Grad ca. 25 Minuten backen.

QUARK-MUFFINS

Zutaten:
200 g Mehl
1/2 Päckchen Backpulver
80 g Zucker
1 Päckchen Vanillezucker
250 g Quark
1 Ei
50 g Butter
50 g Rosinen

Zubereitung:
Das mit Backpulver vermischte Mehl, Zucker, Vanillezucker, Quark, Ei, zerlassene, abgekühlte Butter und Rosinen zu einem glatten Teig verarbeiten. Diesen in Muffin-Förmchen geben und im vorgeheizten Backofen bei 180 Grad ca. 30 Minuten backen.

APFEL-MANDEL-KÜCHLEIN

Zutaten:

4 Eigelb
2 Esslöffel lauwarmes Wasser
100 g Zucker
100 g Grieß (Weichweizen)
100 g blanchierte, gemahlene Mandeln
1 Esslöffel Kakao
1 Teelöffel Zimt
2 Teelöffel Backpulver
100 g Äpfel
4 Eiweiß

Zubereitung:

Eigelb und Wasser schaumig schlagen. Löffelweise Zucker zufügen, gut mitrühren. Nun Grieß, Mandeln, Kakao, Zimt, Backpulver vermischen, nach und nach in die cremige Masse einrühren. Anschließend feingeschnittene Apfelstückchen sowie den Eischnee unterziehen. Den Teig in Muffin-Förmchen füllen. Im vorgeheizten Backofen bei 175 Grad ca. 25 Minuten backen.

JOGHURT-GRIESS-KÜCHLEIN

Zutaten:
1 Becher Naturjoghurt
150 g Zucker
1 Päckchen Vanillezucker
225 g Grieß (Weichweizen)
1 Teelöffel Backpulver
1/2 Teelöffel Zimt
80 g gehackte Mandeln
125 g Butter

Zubereitung:
Joghurt, Zucker, Vanillezucker gut verrühren. Nun den mit Backpulver und Zimt vermischten Grieß einrühren. Anschließend die zuvor ohne Fett goldbraun gerösteten Mandeln sowie geschmolzene Butter abgekühlt unter den Teig ziehen. Diesen 15 Minuten quellen lassen, danach in Muffin-Förmchen füllen. Im vorgeheizten Backofen bei 180 Grad ca. 25 Minuten backen. Die ausgekühlten Küchlein glasieren und beliebig verzieren.

HEIDELBEER-MUFFINS

Zutaten:
100 g Butter
125 g Zucker
1 Päckchen Vanillezucker
3 Eier
100 g Mehl
100 g Speisestärke
1/2 Päckchen Backpulver
1 kleines Glas Heidelbeeren

Zubereitung:
Butter schaumig schlagen. Abwechselnd Zucker, Vanillezucker, Eier zufügen, cremig rühren. Das mit Backpulver und Speisestärke vermischte Mehl einrühren, sowie die gut abgetropften Heidelbeeren unterziehen. Den Teig in Muffin-Förmchen füllen. Im vorgeheizten Backofen bei 180 Grad ca. 25 Minuten backen.

KIRSCH-TÖRTCHEN

Zutaten:

125 g Butter
150 g Zucker
2 Eier
100 g Mehl
100 g Speisestärke
1 Teelöffel Backpulver
100 ml Milch
100 g Sauerkirschen
1/2 Teelöffel Zimt
1 Esslöffel gemahlene Mandeln
50 g geriebene Schokolade

Zubereitung:

Butter schaumig schlagen. Abwechselnd Zucker und Eier zufügen, cremig rühren. Anschließend das mit Backpulver und Speisestärke vermischte Mehl sowie die Milch einrühren. Nun kleingeschnittene Sauerkirschen, Zimt, Mandeln, Schokolade vermengen, unter den Teig ziehen, diesen in Muffin-Förmchen füllen. Im vorgeheizten Backofen bei 200 Grad ca. 25 Minuten backen. Die ausgekühlten Törtchen nach Belieben mit Kirschen und steifgeschlagener Sahne verzieren.

FEINE SCHOKOLADEN-MUFFINS

Zutaten:

- 70 g Vollmilch-Schokolade
- 70 g Zartbitter-Schokolade
- 125 g Butter
- 2 Eier
- 100 g Zucker
- 1 Päckchen Vanillezucker
- 100 g Mehl
- 1/2 Päckchen Backpulver
- 100 g gemahlene Mandeln

Zubereitung:

Schokolade und Butter unter Rühren schmelzen, danach abkühlen lassen. Eier, Zucker, Vanillezucker schaumig schlagen, löffelweise die Schokolade einrühren. Anschließend das mit Backpulver und Mandeln vermischte Mehl unterziehen.

Den Teig in Muffin-Förmchen füllen, diese im vorgeheizten Backofen bei 175 Grad ca. 25 Minuten backen. Die ausgekühlten Schoko-Muffins glasieren oder mit Puderzucker bestäuben.

APFEL-KOKOS-MUFFINS

Zutaten:
1 Apfel
2 Esslöffel Zucker
1 Teelöffel Zimt
125 g Butter
125 g Zucker
1 Päckchen Vanillezucker
1 Ei
120 g Mehl
120 g Speisestärke
1 Teelöffel Backpulver
150 ml Milch
1 Esslöffel gemahlene Mandeln
2 Esslöffel Kokosraspel

Zubereitung:
Den kleingeschnittenen Apfel mit Zucker, Zimt vermischen, etwa 30 Minuten durchziehen lassen.

Butter schaumig schlagen, nach und nach Zucker, Vanillezucker, Ei zufügen, cremig rühren. Nun das mit Backpulver und Speisestärke vermischte Mehl sowie die Milch einrühren. Apfelstückchen, Mandeln, Kokosraspel vermengen, unter den Teig ziehen, anschließend in Muffin-Förmchen füllen. Im vorgeheizten Backofen bei 200 Grad ca. 25 Minuten backen.

Mandarinen-Muffins

1 Ei, 200 ml Milch und 3 Esslöffel Öl
verquirlen.

200 g Mehl, 1/2 Päckchen Backpulver,
150 g Zucker vermischen, löffelweise
in die Eiermilch einrühren.

Die kleingeschnittenen, gut abgetropften
Mandarinen (1 Dose) unterziehen.

Den Teig in Muffin-Förmchen füllen
und im vorgeheizten Backofen bei
180 Grad ca. 30 Minuten backen.

ROSA TÖRTCHEN

Zutaten:
125 g Butter
125 g Zucker
1 Päckchen Vanillezucker
2 Eigelb
125 g Mehl
1/2 Päckchen Backpulver
1 Päckchen Rote Grütze-Pulver
2 Esslöffel Zucker
100 ml Wasser
2 Eiweiß

Zubereitung:
Butter schaumig schlagen. Abwechselnd Zucker, Vanillezucker, Eigelb dazugeben, cremig rühren. Nach und nach das mit Backpulver vermischte Mehl sowie die mit Wasser und Zucker glatt gerührte Rote Grütze zufügen, anschließend steifgeschlagenes Eiweiß unterziehen. Den Teig in Muffin-Förmchen füllen. Im vorgeheizten Backofen bei 175 Grad ca. 25 Minuten backen. Die ausgekühlten Törtchen nach Belieben mit steifgeschlagener Sahne verzieren.

MEHL
WASSER
SAHNE

HAPPY-END MIT GROSSEN STÜCKCHEN

Zutaten:

Teig:
200 g Mehl
1 Messerspitze Backpulver
200 g Zucker
1 Päckchen Vanillezucker
200 g gemahlene Mandeln
1 Teelöffel Zimt
1 Messerspitze Nelken
1 Ei
1 Esslöffel Rosenwasser
200 g Butter

Belag:
300 g rote Konfitüre
1 Eigelb
etwas süße Sahne

1 Ausstecherförmchen

Zubereitung:

Alle Teigzutaten zu einem glatten Teig verarbeiten, in Folie wickeln, ca. 8 Stunden kaltstellen. Danach 2/3 des Teiges auf einer bemehlten Arbeitsfläche etwa 1 cm dick auswellen und auf den Boden einer gefetteten Springform geben. Einen Teil des übrigen Teiges zu einer Rolle formen, als Rand um den Kuchen legen, dabei leicht am Springformrand andrücken. Nun den Teigboden mit Konfitüre bestreichen. Restlichen Teig auswellen, Plätzchen ausstechen, diese auf dem Kuchen verteilen. Eigelb, Sahne verquirlen, Teigrand und Plätzchen damit bestreichen. Im vorgeheizten Backofen bei 200 Grad ca. 40 Minuten backen.

Pistazien-Küchlein

Zutaten:

130 g Butter, 125 g Zucker, 1 Päckchen Vanillezucker, 3 Eigelb, 150 g Mehl, 1 Teelöffel Backpulver, 50 g gehackte Pistazien, 100 ml Milch, 2 Esslöffel süße Sahne, 3 Eiweiß

Zubereitung:

Butter schaumig schlagen. Abwechselnd Zucker, Vanillezucker, Eigelb zufügen, cremig rühren. Nun das mit Backpulver und Pistazien vermischte Mehl sowie Milch und Sahne einrühren, anschließend den Eischnee unterziehen. Den Teig in Muffin-Förmchen füllen. Im vorgeheizten Backofen bei 175 Grad ca. 30 Minuten backen.

Die ausgekühlten Küchlein mit Puderzucker bestäuben oder glasieren und gehackte Pistazien darüber streuen.

Rührteig-Zubereitung

Alle Zutaten sollten Zimmertemperatur haben. Die Butter schaumig schlagen, abwechselnd Zucker, Eier dazugeben, zu einer cremigen Masse rühren. Nach und nach das gesiebte, mit Backpulver vermischte Mehl zusammen mit der Milch einrühren. Den Teig in eine gefettete Backform füllen und dem jeweiligen Rezept entsprechend im vorgeheizten Backofen backen.

Mürbteig-Zubereitung

Das Mehl auf eine Arbeitsfläche sieben. In die Mitte eine Vertiefung drücken, Zucker und Ei hineingeben, mit etwas Mehl verrühren. Auf den Mehlrand die kalte, kleingeschnittene Butter legen, alles zu einem glatten Teig kneten. Diesen zugedeckt etwa 1 Stunde bis zur Weiterverarbeitung in den Kühlschrank stellen.

Hefeteig-Zubereitung

Mehl in eine Schüssel sieben. In die Mitte eine Mulde drücken, Hefe hinein bröckeln, etwas Zucker darüber streuen. Hefe und Zucker mit etwas lauwarmer Milch glatt rühren, mit Mehl bestäuben. Die Schüssel mit einem Geschirrtuch abdecken. Den Vorteig ca. 15 Minuten gehen lassen.

Restliche Milch, weiche Butter, Zucker oder Salz, Eier dazugeben, zu einem glatten Teig kneten, so lange abschlagen bis er Blasen wirft, sich von der Schüssel löst und glänzt. Den Teig mit einem Tuch abdecken und bei Zimmertemperatur etwa 1 Stunde gehen lassen (bis er sich verdoppelt hat). Nochmals durchkneten, entsprechend dem jeweiligen Rezept weiterverarbeiten.

Biskuitteig-Zubereitung

Eigelb, lauwarmes Wasser, Zucker, Salz zu einer dicken, schaumigen Masse rühren. Das sehr steif geschlagene Eiweiß auf die Eigelbmasse geben. Darüber das mit Backpulver und Speisestärke vermischte Mehl sieben. Alles vorsichtig unter die Eigelbmasse ziehen. Den Teig in eine mit Pergamentpapier ausgelegte Springform füllen. Im vorgeheizten Backofen bei 175 Grad backen. Danach den Biskuit auf ein Kuchengitter legen, gut auskühlen lassen, anschließend das Pergamentpapier entfernen. Weiterverarbeitet wird der Biskuit wie im Rezept angegeben.

INHALT Seite

REZEPTE

INHALT Seite

INHALT Seite

GRUNDREZEPTE

Meine Lieblingsrezepte

Verantwortlich:	Elke und Timo Schuster
Illustrationen:	
Vorsatz, S. 1–59, 179:	Johanna Ignjatovic
S. 60–117, 177, 178, 180, 184:	Eva Zeidler und Manfred Rohrbeck
S. 118–176, 181–183:	Margret Hoss
Fotografie:	Axel Waldecker

Bibliografische Information der Deutschen Bibliothek
Die Deutsche Bibliothek verzeichnet diese Publikation in der Deutschen Nationalbibliografie; detaillierte bibliografische Daten sind im Internet über http://dnb.ddb.de abrufbar.

3. Auflage 2022

Druck und Bindung: Balto Print
ISBN 978-3-7806-2035-4
www.zwergenstuebchen-schuster.de